meme

COLLANA
DI FILOSOFIA

Reality

La realtà tra filosofia e scienze

a cura di **Matteo Santarelli**

Contributi di
Margaret Archer · Jocelyn Benoist · Santino Cundari · Kit Fine
Stefano Olìva · Emanuele Rossanese

goWare

L'ebook è molto di +
Seguici su facebook, twitter, ebook extra

© goWare 2015, Firenze

ISBN 978-88-6797-334-7

Copertina: Lorenzo Puliti

goWare è una startup fiorentina specializzata in digital publishing
Fateci avere i vostri commenti a: info@goware-apps.it

Blogger e giornalisti possono richiedere una copia saggio a
Maria Ranieri: mari@goware-apps.com

MARGARET ARCHER è docente presso l'Ecole Polytechnique Fédérale di Losanna, Svizzera. Sociologa di grande influenza, è una delle massime esponenti mondiali della corrente del realismo critico.

JOCELYN BENOIST è professore all'Università Paris 1 Panthéon-Sorbonne. I suoi lavori sono il frutto di un originale confronto tra filosofia analitica e fenomenologia.

SANTINO CUNDARI si è laureato in Teoria della comunicazione e comunicazione pubblica all'Università della Calabria. Svolge attività di ricerca presso il GriOS (Centro Studi sull'Ontologia Sociale). Si occupa di filosofia della scienza e pragmatismo.

KIT FINE insegna filosofia e matematica presso l'Università di New York. Ha scritto importanti contributi sulla logica, la filosofia della scienza e la metafisica.

STEFANO OLIVA vive e lavora a Roma. Diplomato in chitarra classica e laureato in Filosofia, è attualmente dottorando presso l'Università degli Studi di Roma Tre. Il suo lavoro di tesi verte sulla relazione tra musica e linguaggio nella riflessione di Ludwig Wittgenstein.

EMANUELE ROSSANESE ha conseguito il dottorato in filosofia e teoria delle scienze umane all'Università di Roma Tre, con una tesi dal titolo *Philosophical Implications of Quantum Field Theory*. Si occupa di filosofia della fisica e metafisica.

INTRODUZIONE

di MATTEO SANTARELLI

Da sempre la filosofia è stata accusata di distogliere l'attenzione degli uomini e delle donne dai veri problemi posti dalla cruda realtà. Perché mai dedicare il proprio prezioso tempo a Kant e Hegel, quando la disoccupazione giovanile si aggira attorno al 50% e sempre più persone faticano ad arrivare a fine mese? Perché mai concedersi il lusso dell'astratto e della riflessione teorica, di fronte alla gravità dei problemi concreti e pratici che si pongono a – quasi – tutti noi in questo secondo decennio di anni 2000? Ora, se c'è una domanda che brilla per astrattezza, generalità e apparente distanza dalle urgenze della vita quotidiana, è proprio quella che ispira i saggi ospitati in questo volume: esiste la realtà? E se esiste, in base a quali caratteristiche la distinguiamo dalla non realtà?

In tempi di crisi economica e sociale, porsi una questione del genere appare come uno sfregio aristocratico alle condizioni drammatiche in cui versa il popolo – categoria che nella presente congiuntura storica include tuttavia anche buona parte di coloro che dedicano la propria vita e il proprio tempo alla filosofia.

Eppure, bastano davvero poco tempo e poche risorse per capire come la questione della realtà non soltanto abbia risvolti nella realtà concreta, ma addirittura sia in se stessa un interrogativo di natura pratica. È infatti nella tanto citata vita quotidiana che le persone si chiedono se qualcosa esista oppure no, se un fenomeno sia reale oppure illusorio. Nelle interazioni di tutti i giorni le persone affermano di aver vissuto situazioni "irreali", si accusano di scarso senso della "realtà", confessano che i propri sentimenti sono "reali". E se spostiamo l'attenzione dal piano della vita quotidiana al contesto socio-politico attuale, le cose non sembrano cambiare molto.

Come insegna John Dewey, è proprio nei momenti di crisi che possiamo mettere in discussione quello che fino ad allora ci appariva come indiscutibile, e possiamo chiederci se qualcosa sia reale o meno.

Infine, spostando ancora il discorso dal piano della storia a quello della nostra esistenza, è evidente come con gli anni prenda forma un'immagine della realtà diversa da quella a cui eravamo attaccati da bambini. Capita dunque molto spesso di cambiare idea su quello che è reale e quello che non lo è. Certo, questo cambiamento non avviene da un momento all'altro, ma avviene, e tutti noi abbiamo una certa confidenza con questo fenomeno.

Inoltre, tutti noi ci chiediamo cosa sia rimasto di ciò che pensavamo fosse reale e quali novità abbia apportato questa inedita situazione. L'elenco delle possibili novità è vario: una persona cara che viene a mancare, la casa in cui siamo nati che cambia da cima a fondo, un edificio storico del proprio paese distrutto dal terremoto, un valore che non significa più niente, un lavoro che non trova più spazio nella nostra società.

Il contesto in cui viviamo cambia. Noi ne prendiamo atto – più o meno –, e ci chiediamo cosa sia reale e cosa non lo sia in questo cambiamento. Il problema della realtà non è dunque soltanto un problema astratto e filosofico – ammesso che questo sia un male. Al contrario, è una domanda che forse non ci poniamo ogni giorno, ma che spesso incontriamo nel corso della nostra vita. La questione del reale è tanto un profondo interrogativo filosofico, quanto un dubbio che assale anche quella che con una certa arroganza spesso viene chiamata categoria delle persone semplici.

Il passo successivo consiste nel chiedersi non più soltanto cosa sia reale, ma anche in base a quali criteri e in virtù di quali caratteristiche si possa affermare la realtà di un oggetto, di un evento, di un accadimento. Nella stessa questione vengono così sollevati allo stesso tempo due interrogativi: il primo è di natura epistemologica – come conosciamo qualcosa? –, in quanto rimanda all'individuazione dei criteri in base ai quali possiamo decidere della realtà di qualcosa; il secondo è di natura ontologica – come sono fatte le cose che esistono effettivamente?

Ora, le diverse posizioni in merito alla duplice questione riflettono apparentemente le distinzioni tra le differenti discipline. Se sono uno psicologo, probabilmente non avrò interesse a negare l'esistenza di fenomeni mentali, e se sono un sociologo, altrettanto difficilmente sarò disposto ad affermare l'inesistenza degli eventi sociali. In realtà, le cose sono molto più complesse.

Esistono numerosi psicologi che negano l'esistenza di eventi psicologici in quanto tali, in quanto riducono questi ultimi al comportamento osservabile dall'esterno – vedi le forme più radicali di comportamentismo -, oppure ai meccanismi neurofisiologici.

Esistono a loro volta sociologi che rifiutano l'esistenza di istituzioni sociali collettive, come ad esempio lo Stato, la famiglia, la prigione, e riducono l'analisi sociologica alle interazioni tra individui autonomamente dotati di un set di preferenze – vedi la *rational choice theory*.

La differenza fondamentale in questo senso riflette così i diversi orientamenti teorici, piuttosto che i diversi ambiti disciplinari. Inoltre, il problema ontologico dell'individuazione di ciò che è reale è legato al problema epistemologico di come conosciamo la realtà. I due termini della questione, che prima a scopo analitico abbiamo separato, sono spesso intrecciati nella concretezza dell'indagine teorica.

Ad esempio, nell'epistemologia comportamentista il rifiuto (ontologico) dell'esistenza di fenomeni mentali interni è legato all'assunto (epistemologico) secondo il quale noi possiamo conoscere soltanto i fenomeni osservabili dall'esterno. Non mancano nella storia della filosofia e delle scienze sociali tentativi di concepire questo intreccio come costitutivo e ineliminabile, piuttosto che come accidentale e contingente.

A vario titolo, gli autori classici del pragmatismo americano (C.S. Peirce, John Dewey, William James, G.H. Mead) hanno affermato l'impossibilità di mettere in questione la nostra visione del mondo senza interrogarsi sulle modalità pratiche di conoscenza, e viceversa. Sebbene questa posizione appaia a molti – compreso chi scrive – come la posizione più efficace in merito alla questione della realtà, in linea di principio le due questioni possono essere separate.

Posso infatti affermare che i criteri ontologici non dipendono dal modo in cui noi conosciamo, in quanto ciò che esiste, esiste indipendentemente da noi, e dunque dalla nostra conoscenza. Allo stesso tempo, si può discutere della funzionalità e dell'efficacia di un metodo conoscitivo, senza che ciò comporti l'adesione a un qualche modello ontologico. Questa posizione, detta strumentalismo, si interessa alla capacità predittiva ed esplicativa di una teoria, mettendo tra parentesi il riferimento alla realtà esterna e a come essa è realmente.

Anche in questo secondo passaggio, la domanda sulla realtà pare ragionevole e concreta, in quanto legata a problemi pratici della conoscenza. A ben guardare, i filosofi sono tuttavia andati un gradino oltre rispetto al punto che abbiamo cercato di delineare sinora. Infatti, la filosofia non si è limitata a chiedersi cosa fosse reale e cosa non lo fosse, e quali fossero i criteri tramite i quali poter operare questa distinzione.

Contro ogni senso comune e ogni buon senso, alcuni pensatori sono arrivati a mettere in dubbio l'esistenza della realtà in se stessa. Dunque, non più la domanda: "Questa cosa che mi sta accadendo è reale, oppure no? E in base a quali criteri?", bensì l'interrogativo: "Esiste in generale qualcosa che è reale?".

È il caso del dubbio iperbolico di Cartesio, che in cerca del fondamento assoluto della conoscenza arriva a ipotizzare la possibilità che il mondo e la realtà esterna siano un'illusione perpetrata da un genio maligno. Verrebbe da chiedersi come possa un genio maligno ingannarci sull'esistenza della realtà senza esistere lui stesso, ma questo sarebbe una banalizzazione del discorso di Descartes, che è invece molto complesso e articolato.

Oppure pensiamo a Berkeley, secondo il quale tutto ciò che esiste è ciò che è percepito, e ciò che è percepito esiste perché è prodotto dalla mente di Dio, e da Dio sempre conosciuto. Idee tanto azzardate, da sembrare patologiche. Quale uomo o donna sano e di buon senso si chiederebbe se il mondo di fronte a lui esiste indipendentemente dal suo pensiero o da quello di Dio?

Sarebbe un bel vivere sotto certi aspetti: oggi vengo licenziato, quindi vado a dormire così per qualche ora non sarà più vero che io sono stato licenziato, perché il mio spirito non potrà percepire l'evento del licenziamento. In realtà, l'intervento della mente onnisciente di Dio rende tutto più complesso, perché la conoscenza divina è una luce che non si spegne mai, che io dorma o sia sveglio. Comunque, non è questo il punto. Quello che conta capire, è ancora una volta se la presunta follia delirante della filosofia abbia un senso. Ora, questo senso comincia ad apparire una volta che concepiamo le concezioni radicali che abbiamo menzionato come il punto estremo di una serie continua di interrogativi e prese di posizione.

C'è chi pensa che il concetto di realtà sia inutile e che gli interrogativi che girano intorno a questo concetto siano dei crampi mentali (vedi Wittgenstein), ossia dei problemi senza soluzione che la mente umana autogenera e a cui non sa rispondere: c'è chi pensa che l'unico modo per dare ordine al caos sia fidarsi della scienza, e pensare che è reale tutto ciò che la scienza ritiene tale; e infine, c'è chi chiede che venga rispolverato un po' di buon senso, facendo riferimento a ciò che le persone e la gente senza troppi grilli per la testa considerano come reale.

Attraverso questi tre esempi, si possono delineare i tratti generali di tre posizioni molto fortunate nel dibattito sul realismo: il quietismo, il realismo scientifico e il realismo del senso comune. Se la seconda e la terza posizione individuano rispettivamente nelle scienze esatte e nel senso comune la fonte di autorità che decide su cosa esiste e cosa non esiste, la posizione quietista afferma che l'unica domanda buona sulla realtà è una domanda morta, e che le *impasses* che genera questo interrogativo siano strutturali e insuperabili.

Non è questa introduzione il luogo in cui prendere posizione o per articolare le diverse prospettive sul problema. Già da queste righe, tuttavia, emerge in qualche modo la sensazione che della realtà in verità si parli spesso, fosse anche per dire che non ha senso parlarne. Soprattutto, di realtà si parla molto nel dibattito filosofico italiano a seguito del grande successo del nuovo realismo. Nonostante ne sia uscito anche un fortunato manifesto programmatico, più che un movimento filosofico il nuovo realismo sembra essere l'espressione di un'esigenza: l'esigenza che ci si confronti ancora con la realtà dopo la sbornia postmoderna. La voglia di ordine "post postmoderna" è stata espressa in modo efficace e diretto da David Foster Wallace:

> Questi ultimi anni dell'era postmoderna mi sono sembrati un po' come quando sei alle superiori e i tuoi genitori partono e tu organizzi una festa. Chiami tutti i tuoi amici e metti su questo selvaggio, disgustoso, favoloso party, e per un po' va benissimo, è sfrenato e liberatorio, l'autorità parentale se n'è andata, è spodestata, il gatto è via e i topi gozzovigliano nel dionisiaco. Ma poi il tempo passa e il party si fa sempre più chiassoso, e le droghe finiscono, e nessuno ha soldi per comprarne altre, e le cose cominciano a rompersi e rovesciarsi e ci sono bruciature di sigaretta sul sofà e tu sei il padrone di casa, è anche casa tua, così, pian piano, cominci a desiderare che i tuoi genitori tornino e ristabiliscano un po' d'ordine, cazzo... Non è una similitudine perfetta, ma è come mi sento, è come sento la mia generazione di scrittori e intellettuali o qualunque cosa siano, sento che sono le tre del mattino e il sofà è bruciacchiato e qualcuno ha vomitato nel portaombrelli e noi vorremmo che la baldoria finisse. L'opera di parricidio compiuta dai fondatori del postmoderno è stata importante, ma il parricidio genera orfani, e nessuna baldoria può compensare il fatto che gli scrittori della mia età sono stati orfani letterari negli anni della loro formazione. Stiamo sperando che i genitori tornino, e chiaramente questa voglia ci mette a disagio, voglio dire: c'è qualcosa che non va in noi? Cosa siamo, delle mezze seghe? Non sarà che abbiamo bisogno di autorità e paletti? E poi arriva il disagio più acuto, quando lentamente ci rendiamo conto che in realtà i genitori non torneranno più – e che noi dovremo essere i genitori[1].

Continuando con la nostra metafora, possiamo dire che il Nuovo realismo risponde all'esigenza che a tornare non siano i genitori, ma la realtà. Dopo vent'anni di slogan come "non esiste nulla fuori dal testo", "esistono solo narrazioni", e così via, è necessario che la realtà ristabilisca il suo ordine, separando il vero dal falso, l'illusorio dall'effettivo, quello che c'è da quello che ci vorrebbero far credere ci

---

[1] David Foster Wallace, in L. McCaffery, *An Interview with David Foster Wallace*, "Review of Contemporary Fiction", vol. XIII, n. 2, 1993.

sia. Con ogni probabilità, il Nuovo realismo non per caso è emerso in Italia, e in Italia ha raccolto i suoi maggiori successi.

Il nostro paese come spesso accade è stato all'avanguardia della corrente postmoderna, forse non a livello letterario o artistico, ma di certo sul piano sociale e politico. Quella che tanti anni fa sembrava essere la solita battuta a metà tra cinismo e autocompiacimento – "noi siamo il laboratorio politico più avanzato del postmoderno" – oramai sembra un'affermazione dotata di una certa validità storica.

Gli ultimi decenni hanno visto l'evaporazione della distinzione tra sfera privata da quella pubblica, l'affermazione della centralità dell'immagine e del mezzo televisivo, lo spazio esorbitante occupato da questioni sessuali e erotiche, e infine un gusto sempre più estremo verso la performance politica come performance artistica. In questo quadro, non sorprende che un numero sempre maggiore di persone senta il bisogno e la mancanza della realtà, e il nuovo realismo ha dato una risposta filosofica a questa esigenza.

Tuttavia, c'è il rischio che questa comprensibile nostalgia si trasformi in un'esigenza di ordine e certezze che chiede di essere soddisfatta anche quando e dove queste certezze realisticamente non possono essere offerte. Le nostre teorie rimangono infatti in larga parte problematiche e fallibili. Per questo motivo, non sembra interessante tornare alla vecchia concezione secondo la quale l'unica fonte dell'ignoranza è una sorta di complotto che impedisce alla verità di emergere nella sua evidenza e immediatezza[2].

Questo rischio di ipersemplificazione riguarda il manifesto del Nuovo realismo, ma è estraneo agli sviluppi successivi del dibattito, ad esempio negli articoli che Mario De Caro ha dedicato all'argomento, e in cui emergono tutte le complessità legate alla questione[3].

---

[2] Karl Popper, *Le fonti della conoscenza e dell'ignoranza*, Il Mulino, Bologna 2000.

[3] Mario De Caro, Maurizio Ferraris (a cura di), *Bentornata realtà*, Einaudi, Torino 2012.
Ringrazio sinceramente Mario De Caro per avermi consigliato di inserire e tradurre il testo di Kit Fine, un articolo di grande importanza che per la prima volta appare in traduzione italiana

Ragion per cui il rischio di una deriva epistemologica autoritaria non è ovviamente ricollegabile al Nuovo realismo, quanto piuttosto a una possibile deriva della domanda sociale e filosofica sottostante. La voglia di realtà, o come direbbe Rorty di un nuovo vocabolario che contenga numerosi riferimenti alla realtà, è diventata spesso desiderio di riscontro immediato, di certezza, di sicurezza. Un desiderio tanto comprensibile, quanto incompatibile con le dinamiche e i tempi di alcuni momenti della vita sociale.

Ad esempio, la rabbia verso i tempi biblici della giustizia italiana, e la relativa impunità che a volte ne deriva, spesso diventa sete di sangue, voglia di sbattere subito in prigione l'indagato perché la sua colpa è evidente e la sua pena deve essere "certa". Analogamente, l'indignazione verso il ceto politico si è trasformata gradualmente nell'esigenza di politiche che siano subito efficaci, subito tangibili, subito "reali". A questo bisogno i politici rispondono con promesse sempre più immediate, e quindi sempre più irrealistiche, che una volta smentite dalla realtà acuiscono la mancanza di fiducia del "popolo" verso la politica.

Mancanza di fiducia che a sua volta stimola l'esigenza di risposte sempre più immediate e a breve termine, in un circolo vizioso sempre più potente, che abbassa costantemente il livello del dibattito pubblico e incrina il rapporto tra cittadini e istituzioni.

Infine, la sete di immediatezza spinge sempre più frequentemente molti esponenti della nuova opinione pubblica dei social network a prendere per vera ogni notizia, a commentarla, a diffonderla, prima di averne riscontrato le fonti e la credibilità. Il rischio di una deriva epistemologica autoritaria riguarda dunque la comunicazione sociale e interattiva di massa, piuttosto che il mondo della filosofia. Per questo motivo, una certa polemica contro il Nuovo realismo risulterebbe molto più interessante se diventasse riflessione sociologica e filosofica sulle modalità di conoscenza in atto nella nostra società.

Tuttavia, l'analisi sociologica empirica non è l'oggetto di questa introduzione. A livello filosofico, ossia nella dimensione che maggiormente appartiene ai saggi ospitati in questa raccolta, il successo del Nuovo realismo va interpretato come un'occasione per ricordare come di realtà e realismo non si sia mai smesso di parlare. I sei saggi che compongono questo volume ci dicono proprio questo. Inoltre, ci dicono che le realtà si declina in tanti modi, e da tante prospettive disciplinari diverse. Da qui deriva la difficoltà costitutiva nel riferirsi a qualcosa come "la realtà" in termini univoci.

Ho cercato di rendere plastica questa difficoltà attraverso l'eterogeneità dei contributi ospitati in questa raccolta, che è voluta e non estemporanea. In particolare, tre punti di vista saranno presentati. La voce della filosofia contemporanea sarà rappresentata da Jocelyn Benoist, il cui saggio presenta la possibilità di aderire a una forma di realismo che non comporti il ricadere nelle vecchie aporie metafisiche.

Il punto di vista complesso, a tratti ostico, della filosofia della scienze è invece presentato in questa raccolta tramite l'articolo di Kit Fine, che tratta in modo ampio e dettagliato la questione del realismo, proponendo di legare il concetto di realtà a quello di *ground*. Infine, a rappresentanza delle scienze sociali sarà ospitato un saggio introduttivo della sociologa Margaret Archer, la quale spiega in modo chiaro ed esaustivo cosa significhi essere realisti in sociologia.

I tre saggi appaiono per la prima volta in traduzione italiana. Dobbiamo questo risultato alla capacità e alla disponibilità di tre giovani studiosi, che hanno "adottato" un articolo a testa, traducendolo e affiancandolo con un articolo originale di loro composizione. Grazie al lavoro di Stefano Oliva, Emanuele Giovanni Rossanese e Santino Cundari il lettore non soltanto sarà accompagnato nei passaggi più difficili dei testi di Benoist, Fine e Archer, ma avrà anche modo di poter riflettere sui possibili sviluppi delle tesi avanzate da questi importanti autori della scena mondiale.

I sei articoli propongono dei punti di vista complessi, e spesso tanto distanti a livello teorico e disciplinare da apparire incommensurabili.

Di fronte a questa eterogeneità, varie strategie possono essere messe in campo. La prima strategia è di carattere riduzionista. Sebbene la realtà possa essere declinata in molti modi, in realtà solo uno tra questi è da considerare come pienamente legittimo, in quanto descrive, spiega e dà conto di ciò che esiste veramente. Ad esempio, per un riduzionista fisicalista ciò che c'è, è ciò che viene descritto dalla teorie fisiche più affidabili. Di conseguenza, quando Archer parla di realtà e ontologia sociale, in realtà si riferisce metaforicamente a una classe di fenomeni che non esistono in senso pieno, oppure – il che più o meno è lo stesso – che possono essere ridotti a fenomeni del mondo fisico.

Una seconda strategia ammette invece che la realtà possa declinarsi in vari modi, e che tutti questi modi o alcuni di essi siano legittimi. Un approccio del genere può essere definito come pluralista, ed è compatibile con almeno tre diversi atteggiamenti teorici. In primo luogo, accettare la pluralità dei discorsi sulla realtà può significare aderire a una posizione quietista, secondo la quale il dilemma realismo-antirealismo è un dilemma strutturalmente irrisolvibile che andrebbe abbandonato. Mancando la necessità di riferirsi a "la realtà", o a qualche suo aspetto privilegiato, risulta legittimo impiegare diversi vocabolari, tutti dotati di pari legittimità.

Per motivi analoghi, il pluralismo risulta compatibile anche con posizioni antirealiste: se la realtà non esiste, parlarne in tanti modi diversi non sarà certo un problema.

Infine, il riconoscimento della legittimità delle diverse prospettive può essere declinato in termini contestualistici (vedi i saggi di Benoist e Oliva in questo volume), oppure adottando un'ontologia a strati, ognuno dei quali corrisponderebbe realisticamente a un diverso vocabolario (un riferimento classico in questo senso è Durkheim, e la sua distinzione tra regno psicologico e regno dei fenomeni mentali).

Con il presente ebook, non intendo prendere posizione esplicita in questo dibattito, indicando quale tra quelle sopra citate sia la strategia migliore. La mia speranza, è che dopo aver letto il volume che ho avuto il piacere di curare il lettore possa farsi un'idea, o approfondire la propria posizione in rapporto al problema dell'eterogeneità dei punti di vista sulla realtà.

Il piccolo messaggio filosofico che vorrei lanciare con questo *Reality,* è che il riconoscimento della complessità non conduce necessariamente a una situazione in cui ogni teoria vale l'altra, ogni idea è egualmente insensata e ogni discussione è fatalmente destinata a un esito scettico. Costruire il proprio punto di vista, o meglio aderire in modo personale a un punto di vista esistente migliorandolo e mettendolo in discussione nei suoi punti più deboli e contestabili, è una grande sfida nella nostra epoca caratterizzata dalla frammentazione e dall'incertezza.

Allo stesso tempo, il riconoscimento preliminare della complessità è un antidoto contro la dilagante svolta epistemologica autoritaria di cui abbiamo parlato in precedenza. Interrogarsi sulla realtà a vari livelli, fosse anche per affermare che non ha senso parlare di realtà, è la prima necessaria mossa contro la banalità e la violenza insita in questo vecchio/nuovo modo di pretendere dal mondo, dalle cose e dalle persone quello che il mondo, le cose e le persone non potranno mai darci: un riscontro immediato, infallibile, eterno.

Anche per questo, la struttura di *Reality* è una struttura aperta. Subito dopo la pubblicazione di questo volume, verrà aperto un apposito blog in cui i lettori potranno commentare, criticare, sviluppare le tesi contenute nei sei saggi. Questi commenti potranno diventare a loro volta contributi, che verranno pubblicati in una futura versione estesa di *Reality*. Credo sia un modo produttivo di sfruttare la fluidità e l'interazioni che le edizioni digitali rendono possibile, allo scopo di ampliare la diffusione del sapere e il suo sviluppo dinamico e critico."

Sezione 1
Realismo e filosofia

Il realismo senza la metafisica

di JOCELYN BENOIST

Traduzione italiana a cura di *Stefano Oliva*

Il realismo in quanto attitudine filosofica consiste nel mettere al centro l'idea di indipendenza rispetto alla mente (*mind-independence*). Quest'idea, tuttavia, è lungi dall'esser chiara. Si può trattare dell'indipendenza di cose di natura molto differente e in sensi molto differenti. Una delle prime esigenze di ogni realismo filosofico è dunque quella di tentare di chiarificare questa nozione, tentando di comprendere il bisogno che si esprime attraverso questo motivo.

1. Oggettività

Una prima interpretazione, molto in voga, del realismo gli conferisce come contenuto la difesa dei diritti dell'*oggettività* contro l'arbitrarietà della soggettività e, inoltre, contro ogni forma di *relativismo*.

L'idea è che, per esempio[4], il Mare del Nord misuri 575.000 km^2 che mi piaccia o no, a prescindere da ciò che penso o da ciò che agenti cognitivi diversi da me ed eventualmente differenti culturalmente gli uni dagli altri ne possano pensare.

Vale a dire: è vero che il Mare del Nord misura 575.000 km^2 a prescindere da ciò che, peraltro, io o altri ne possano pensare. Il realismo si identifica allora con la rivendicazione dell'oggettività della verità, che non dipende dall'umore o dalla costituzione particolare dei soggetti. In effetti è contrario all'idea stessa di verità che il vero sia consegnato al mio piacere e che vari liberamente con esso.

---

4   Per riprendere l'esempio di Frege, *Grundlagen der Arithmetik*, 1884, §26.

In modo più sottile, è certamente incompatibile con l'idea di verità non solo che quest'ultima sia soggettiva – vale dire relativa al soggetto in quanto soggettività individuale, arbitraria e capricciosa – ma relativa in generale. Quando diciamo di qualcosa che è vero non pretendiamo che ciò sia vero "per noi": una tale espressione racchiuderebbe un problema grammaticale. Per "vero" noi intendiamo necessariamente "vero in sé", potenzialmente per tutti poiché fondamentalmente senza riferimento particolare a chicchessia.

Se pensiamo che sia vero che Ramses II è morto di tubercolosi – in questo caso, sembra che ciò sia falso – allora noi pensiamo che ciò era già vero all'epoca immediatamente successiva alla morte di Ramses, nell'antico Egitto, e ciò *a prescindere da quello che ne abbiano pensato gli antichi Egizi*. Il fatto che gli Egiziani non abbiano potuto avere una tale idea non toglie un briciolo di verità a una tale verità, se essa è tale.

Evidentemente, ciò non esclude affatto che gli antichi Egizi abbiano potuto pensare delle cose vere a proposito della morte di Ramses, delle cose che non saremmo immediatamente inclini a pensare e che, forse, in alcuni casi, non sono intelligibili per noi, per mancanza di conoscenza del contesto e di partecipazione alla loro forma di vita e alle loro pratiche rispetto a quel contesto.

Ciononostante, sarebbe un errore credere che questo punto rimetta in qualche misura in questione la verità del pensiero secondo cui il faraone è morto di tubercolosi, se ciò è vero. La verità vale indipendentemente dalla capacità di certi agenti cognitivi di apprenderla. Si tratta di un punto di grammatica: della delucidazione del nostro uso della parola "vero"; e non di una qualunque tesi metafisica riguardo all'esistenza "trascendente" di entità che chiameremmo "verità".

Non diciamo che la verità della proposizione secondo cui Ramses è morto per tubercolosi, se questa proposizione è vera, avrebbe atteso noi, come ogni altro pensatore, in non si sa quale cielo delle Idee fino a quando non l'avessimo pensata. Vogliamo solamente sottolineare che, quando diciamo che è vero che "Ramses II è morto di tubercolosi", attribuiamo per ciò stesso a questa proposizione un valore indipendente dalla capacità effettiva di questo o quell'agente cognitivo di riconoscerla e, in questo senso, trascendente rispetto a una tale capacità.

In questi limiti, il "realismo" epistemico si identifica puramente e semplicemente con una tesi di oggettività della verità e non, per il momento, con la posizione di qualche entità di sorta.

Questo oggettivismo, in quanto anti-relativismo, non ritorna tuttavia a un *assolutismo*: quello secondo il quale ci sarebbe, a proposito di una certa cosa, un solo formato possibile di verità e in cui qualunque agente cognitivo potrebbe, almeno in linea di principio, avervi accesso, in una forma di trasparenza intrinseca della verità. In realtà, è probabile che l'esser vero delle nostre verità – vale a dire quelle per cui noi, in quanto esseri umani aventi un'esperienza particolare e appartenenti a una precisa comunità, possiamo porci la questione in maniera sensata – non sia affatto relativo a noi – ciò sarebbe contrario alla grammatica della parola "vero" – mentre il formato di tali verità, questo sì, sia fondamentalmente relativo a noi.

Non si hanno che le verità (o le falsità) che si è capaci di pensare; il che non significa che la loro verità (o rispettivamente la loro falsità) dipenda dal fatto che le si creda vere (o rispettivamente false). Tecnicamente, da questo punto di vista, è importante, per la comprensione stessa della questione del realismo, distinguere "relativismo" e "contestualismo".

Dal punto di vista logico, il relativismo significherebbe che lo stesso contenuto proposizionale può essere vero o falso a seconda della linea epistemica di colui che lo pensa, della sua preferenza soggettiva del momento o dello sfondo di credenze, variabile, secondo cui egli lo valuta. Il contestualismo, che l'universalismo superficiale assimila al relativismo, difende tutt'altra posizione: esso mette in dubbio l'esistenza stessa di questo "contenuto proposizionale" invariabile che l'assolutismo logico sostiene sia sempre vero o sempre falso e al quale il relativismo, che è un assolutismo rovesciato, attribuisce al contrario un valore instabile.

Il contestualismo radicale, che non è un prospettivismo – il quale, per essere enunciato, suppone delle prospettive differenti *sullo stesso contenuto* – attira la nostra attenzione sulla variabilità non dei valori, del vero e del falso, ma dei contenuti stessi, che non possono essere compresi se non tenendo conto del tipo di interazione con il contesto che suppone un pensiero. Così, lungi dal presentare il valore di verità come variabile, esso mostra *come questo si fissa*, nelle prese normative effettive che esercitiamo sulle cose.

Da questo punto di vista, ci ritorneremo più avanti, il contestualismo, lungi dall'essere come il relativismo un anti-realismo, si definisce al contrario come un tentativo di mettere in evidenza l'ancoraggio reale senza il quale il pensiero si riduce a un'ombra: un realismo, non solo dell'oggetto di pensiero, ma che prende in considerazione i *formati reali del pensiero*.

Per difendere il realismo epistemico, vale a dire l'oggettività del vero, è massimamente importante determinare in ciascun caso *ciò di cui è in questione il sapere se è vero*. Ora, la risposta a questa domanda si trova essa stessa nel reale: nella realtà delle attitudini che adottiamo rispetto a esso e dei tipi di attese normative che abbiamo realmente nei suoi confronti. Queste ultime sono molto variabili e necessariamente legate a delle forme di vita.

Questo per dire che non bisogna gettare il bambino con l'acqua sporca. La vacuità dello scetticismo post-moderno, che crede a torto di poter inferire dalla relatività delle culture la scadenza di ogni verità, non deve condurci a ignorare la verità profonda, antropologica, della varietà delle forme di vita umana e, in seno alle sue forme di vita, dei modi di pensare, vale a dire dei problemi che si pongono gli esseri umani e dei modi che essi hanno di porseli.

La verità di questo o quel pensiero non varia di certo da una forma di vita a un'altra – il che coinciderebbe con il relativismo propriamente detto. In compenso, è possibile e molto verosimile che ci siano numerose forme di vita in cui semplicemente non abbia senso né ci sia spazio per essa, dove essa non possa essere formulata in quanto verità. Ciò non perché gli esseri umani che vivono in queste condizioni ignorino ancora questo fatto, ma perché esso sarebbe semplicemente *fuori tema* rispetto a ciò che è in questione per loro.

È allora assai troppo rapido sostituire "la nostra verità" alla "loro" e misurare l'una all'altra. Semplicemente perché, dall'una all'altra, spesso non è esattamente la stessa cosa ad essere in questione: non abbiamo guardato sufficientemente da vicino ciò di cui si tratta e, come regola generale, non abbiamo compreso ciò che era importante, per i nostri fratelli umani di un altro luogo o di un altro tempo, che fosse vero. Come dice Wittgenstein: «vero è ciò che gli uomini dicono» (Ludwig Wittgenstein, *Philosophische Untersuchungen*, §241). Questo punto, che suona come un precetto metodologico, presuppone che, ogniqualvolta venga posta la questione della verità, si prenda il tempo di determinare *ciò che viene detto veramente nella specifica circostanza*: nient'altro può essere "vero" o "falso".

Queste considerazioni non ci allontanano dal realismo. Esse definiscono al contrario le condizioni del solo realismo degno di questo nome: quello che parte dall'inserimento effettivo degli agenti pensanti nel reale e qui ritorna in definitiva, esplorando le modalità varie secondo le quali essi esercitano una presa normativa su questo reale.

In un certo senso il modo stesso in cui il padre del realismo moderno – la cui inclinazione per l'assolutismo (il suo famoso "platonismo") è impossibile da ignorare – ha formulato il suo realismo dovrebbe illuminarci su questo punto.

Quando Frege invoca l'oggettività dell'area del Mare del Nord come paradigma di quello della verità in generale, è ben cosciente del carattere eminentemente convenzionale e storico della definizione stessa dell'oggetto "Mare del Nord". Per prima cosa, esso non si è sempre chiamato così ma per esempio, in certe epoche e per certi popoli, "Mare Germanico".

In secondo luogo, non c'è alcuna evidenza del fatto che ciò che ha potuto, nel passato, essere designato con questo o con altri nomi che, retrospettivamente, avremmo buone ragioni di trattare come equivalenti, abbia avuto esattamente la stessa configurazione o la stessa estensione di quello che oggi chiamiamo così.

In tal modo è possibile che il *Septentrionalis Oceanus* dei Romani abbia ricoperto epistemicamente una zona più piccola dell'attuale Mare del Nord, in misura delle loro esplorazioni limitate, e allo stesso tempo, nelle intenzioni, una zona molto più grande, nel senso di un "oceano nordico" in generale senza che, in questo concetto, ci fosse spazio per la differenza che facciamo attualmente tra il Mare di Norvegia – e a maggior ragione il Mare della Groenlandia e l'Oceano Glaciale Artico – e il suddetto Mare del Nord. Anche nell'epoca moderna è possibile che ci sia stato un certo spostamento nella delimitazione del Mare del Nord. I limiti degli oceani e dei mari aperti sono essenzialmente convenzionali. Di sicuro tali ripartizioni sono fino a un certo punto sostenute da dati naturali: forme delle coste e grandi rotte continentali, che costituiscono degli angoli a partire dai quali si può suddividere la distesa liquida, ed eventualmente dati oceanografici più intrinseci come la temperatura e la salinità rispettiva delle acque e le grandi correnti, o i rilievi dei fondali sottomarini. Ciò tuttavia non è che parzialmente vero, poiché molte altre ragioni, legate all'appropriazione umana della terra, possono avere un ruolo.

Al limite, la ripartizione può talvolta divenire puramente convenzionale: ci si serve di un parallelo o di un meridiano per separare delle totalità che appaiono peraltro omogenee in ogni punto. Ad ogni modo, anche là dove potrebbe sembrare che ci siano delle ragioni per fare una differenza, *bisogna ancora farla* e ciò presuppone sempre una decisione, propriamente convenzionale, tanto più che è raro, nella realtà geografica come nella realtà in generale, che tutte le ragioni vadano di pari passo.

La suddivisione che può sembrare imporsi da un certo punto di vista non risponde necessariamente alle domande che ci si potrebbe porre da un altro. Qui come altrove, i contorni dell'oggetto geografico sono dunque in ultima analisi convenzionali. Per quanto riguarda gli oceani e i mari, queste convenzioni, nello stato di cose che conosciamo attualmente – già differenti da quello che conosceva Frege – risultano dall'opera di codificazione effettuata nel XX secolo da parte dell'Organizzazione idrografica internazionale.

Di questa convenzionalità, il filosofo tedesco è perfettamente cosciente. Egli ben sa che si potrebbe aggiungere qualche chilometro quadrato al Mare del Nord e chiamarlo ancora "Mare del Nord". Non è mai una parola per se stessa che determina il pensiero che si cerca di esprimere utilizzandola, ma il modo che si ha di utilizzarla. Ciò non vuol dire che io possa dire del Mare del Nord che ha un'area qualsiasi. Perché ciò che conta, quando attribuisco una certa area a questo mare, è precisamente ciò che intendo con "Mare del Nord", il modo che ho di utilizzare quest'espressione.

Tenuto conto del modo che ho di utilizzarla – secondo la nomenclatura dell'Organizzazione idrografica internazionale per esempio, o altrimenti – l'enunciato con il quale gli attribuisco una certa area è perfettamente determinato quanto al suo valore di verità: è vero o falso. Non posso dunque far variare il suo valore *ad libitum*. Laddove io voglia realmente dire qualche cosa con "il Mare del Nord misura tante miglia o km²" – il che presuppone che sia determinato ciò che intendo con "Mare del Nord" – non ho scelta quanto al fatto che ciò sia vero o falso: dicendo ciò che dico allora, assumo un rischio cognitivo e mi espongo all'errore.

Non è sufficiente che io creda e/o che io dica che è vero perché lo sia. È oggettivamente vero o no che il Mare del Nord – vale a dire ciò che si intende con "Mare del Nord" nell'enunciazione in questione – ha proprio l'area che pretendo che esso abbia. A questo, la convenzionalità e il carattere a geometria variabile della delimitazione del Mare del Nord non cambiano nulla.

Al contrario, troviamo nella convenzione o in ogni caso nell'intesa nella quale il termine viene impiegato, una volta che essa sia stata identificata, il principio stesso dell'oggettività della verità sul Mare del Nord. A questo livello poco importa che non ci sia sempre stato un oggetto identificato come Mare del Nord – e che i nostri giudizi in merito al Mare del Nord siano stati semplicemente privi di senso per gli uomini di un altro tempo o viventi in altre forme di vita – e dunque che i nostri giudizi veri sul Mare del Nord possano superficialmente apparire falsi dal punto di vista di queste altre ripartizioni o costruzioni del riferimento.

Ciò che conta è precisamente ciò che *noi*, che parliamo del Mare del Nord, consideriamo sotto questo titolo, e come *noi* lo delimitiamo. È a questo livello solamente che si può rifiutare il relativismo e che il "realismo", in quanto realismo epistemico, ha un senso. La convenzionalità, in quanto principio di determinazione di *ciò che è vero* (o falso), è qui la condizione del realismo, non il suo contrario.

Bisogna d'altra parte notare che la convenzionalità, se da una parte introduce una forma di relatività nella delimitazione stessa del formato del vero e del falso – il Mare del Nord, forse come ogni oggetto, è eminentemente convenzionale e dunque il formato di ciò che può esserne vero o falso lo è altrettanto – non indica affatto un abbandono all'arbitrio della soggettività, ma esattamente vi si oppone.

Il Mare del Nord non è ciò che a mio piacere chiamo "il Mare del Nord", ma ciò che è chiamato così secondo una convenzione o un'altra. Il fatto che la convenzione possa cambiare non toglie nulla alla sua oggettività: per comprendere ciò che è chiamato "Mare del Nord" in ciascun caso e dunque ciò che, in questo caso è suscettibile d'essere vero o falso, bisogna precisamente cogliere *quale convenzione è all'opera*.

Questa convenzione è, in un certo senso, tanto oggettiva quanto la verità che ne risulta, e fa parte dell'oggettività di questa. Se non ammetto che "Mare del Nord", negli enunciati che considero, abbia una significazione stabile, allora questi enunciati che sembrano rapportarsi a qualche cosa che viene chiamato "Mare del Nord" cessano di avere un riferimento definito, non riguardano più nulla e non hanno più valore di verità.

Una concezione alla Humpty Dumpty della significazione che intende ricusare il carattere convenzionale del linguaggio e consegnarlo all'arbitrio della soggettività – le parole vogliono allora dire ciò che *io* voglio far dire loro, conta solo "chi decide" – scalza i fondamenti stessi della verità. Sicuramente, si può sempre utilizzare un segno come si vuole, ma perché si tratti di un *uso*, che come tale determina il luogo di una possibile verità (o falsità), bisogna in un certo senso che costituisca una convenzione; che si possa dire: «con "Mare del Nord", questo locutore intende ora questo o quello».

Quando, invece, viene lasciata alle parole che impiego la licenza di significare qualsiasi cosa – o qualche cosa di non interamente definito, non soddisfacendo le esigenze di definizione che sono quelle della situazione – le condizioni della verità fanno difetto: quest'ultima, in quanto *si esprime*, sembra dipendere essenzialmente dall'*oggettività del linguaggio*, cioè dai suoi poteri di *oggettivazione*.

2. Realtà

Resta il fatto che questa prima difesa del realismo, nel suo principio, pare soffrire di una forma di limitazione. Essa si riduce precisamente ad affermare l'oggettività della *verità*, vale a dire il carattere non negoziabile del valore di una certa tesi, una vola riunite le condizioni della sua formulazione.

Ora, è chiaro che sotto l'indistinzione relativa in cui Frege, nei *Fondamenti dell'aritmetica* (1884), lascia "senso" e "riferimento", qualcos'altro spunta nell'esempio dato. Non si tratta per Frege di difendere il solo valore intrinseco di ciò che egli chiamerà più tardi (1892) un "senso" (rispettivamente: un "pensiero", vale a dire precisamente un senso che può essere vero o falso), ma precisamente l'idea che, nel pensiero avente un tale valore, *viene raggiunto qualcosa che si trova al di là del pensiero*: ciò che egli chiamerà più tardi il "riferimento" (*Bedeutung*). Ora, con la dimensione del riferimento, viene a galla un altro senso del realismo, fondato sul riconoscimento di una *trascendenza rispetto al senso, al quale il senso dà accesso*. Essere realista vuol dire precisamente rendere giustizia a una tale trascendenza.

Il proposito di Frege, nei *Fondamenti dell'aritmetica*, è di far valere la trascendenza del numero in quanto costituente un tale riferimento – vale a dire potendo a buon diritto essere *nominato* – allorché esso non è niente di reale (*wirklich*), ma qualcosa di ideale, qualcosa di "oggettivo" (*ein Objektives*).

Il modello di questa oggettività, vale a dire esistenza al di là e fuori dalla soggettività, è allora da cercarsi nella realtà (*Wirklichkeit*) del Mare del Nord, che è ciò che è, a prescindere da ciò che peraltro io ne possa pensare. Quando intendo pensare il Mare del Nord, il mio pensiero incontra qualche cosa che esso non ha fatto e che è ciò che è indipendentemente da questo incontro. Che sia questo pensiero a definire il formato stesso di questo incontro non cambia niente alla "oggettività", nel senso dell'essere in sé e per sé, di ciò che qui viene incontrato.

Ci sono molti modi di ripartire le oscure acque del Mare del Nord. Ciononostante, quale che sia la ripartizione che si adotta, rimane la realtà di queste acque che vengono suddivise. Così la realtà, nel senso anche di una certa realtà *naturale*, diviene il paradigma dello statuto trascendente del riferimento, della sua *indipendenza rispetto al pensiero*. Essere realista, in questo senso, vuol dire pensare che il pensiero si rapporta a qualche cosa che lo supera ontologicamente e che esiste indipendentemente da esso.

La questione che si pone allora evidentemente è di sapere se una tale trascendenza rispetto al pensiero può mai essere imputata a degli esseri ai quali non spetta questa realtà naturale. È l'impegno di Frege, il quale rivendica per il numero lo stesso statuto di oggetto trascendente del Mare del Nord.

Questa posizione, che consiste nell'attribuire a delle idealità una trascendenza rispetto al pensiero tanto forte quanto quella delle cose e in fondo a trattare anch'esse come delle cose – credendo che, per rendere giustizia alla loro trascendenza, bisogna precisamente trattarle come delle cose – corrisponde a ciò che si chiama abitualmente "platonismo".

Si può sospettare una forma surrettizia di assimilazione di ogni "realtà" sperimentata dal pensiero come trascendente, vale a dire indipendente da essa, a qualche cosa che dovrebbe avere il formato di "cosa". Così la filosofia della matematica tradizionale è solita presentare una forma di ricatto, secondo il quale non ci sarebbe scelta che tra platonismo e anti-realismo. Senza dubbio bisogna considerare piuttosto che ogni forma discorsiva alimenta il proprio registro di trascendenza, e che la questione del realismo matematico, per esempio – e ancora bisognerebbe distinguere tra le differenti parti della matematica – non si pone esattamente negli stessi termini di quella del realismo fisico – e ancora, quale fisica? – né di quella del senso comune.

Ne segue che essere realisti *in un certo senso del termine, che reclama più della semplice validità epistemica*, vuol dire esigere che in ogni forma di conoscenza sia incontrata una vera trascendenza, che si debba conoscere qualche cosa che esiste anche seguendo un'altra modalità rispetto al semplice essere-conosciuto: un *essere*.

Adesso, il punto di questo realismo risiede precisamente nel fatto di collocare il valore epistemico sotto il controllo di questa ontologia trascendente, di anteporre la *realtà* alla *verità*, ponendo la seconda come dipendente dalla prima.

Aristotele ha fissato perfettamente i termini di una concezione *realista* della verità, in questo secondo senso del termine:

Non è perché pensiamo che tu sei bianco, che tu sei effettivamente bianco; è perché tu sei bianco, che dicendo che tu lo sei noi diciamo la verità (Aristotele, *Met.*, *Opere*, 10, 1051b6-9).

È perché le cose sono quelle che sono che noi enunciamo delle verità quando diciamo che esse sono nel modo in cui sono effettivamente, e non l'inverso: la verità è fondata sulla realtà, che essa esprime. La filosofia moderna – post-kantiana – dell'oggettività, che esercita ancora tutto il suo peso sul dibattito della filosofia del linguaggio e della conoscenza attuali, porterebbe facilmente a riconoscere in ciò un presupposto, perfino un pregiudizio *metafisico*: perché dunque bisognerebbe postulare qualcosa di fronte o al di là delle nostre verità per fondarle? L'essere è nient'altro che ciò di cui è vero dire che accade? Secondo una tale concezione ("semantica"), che è quella della modernità, non ci sarebbe altro essere che sulla parola.

Ora, se è chiaro che il ritorno ad Aristotele, qui come altrove, può fornire un sano principio di critica dell'idealismo semantico dei moderni, forse non bisogna affrettarsi, restando prigionieri dei termini della prospettiva che si denuncia, a vedere nell'analisi aristotelica su questo punto preciso una tesi metafisica. In questo genere di affermazioni, Aristotele non fa che spiegare la grammatica della nozione di verità: dire che è vero che la neve è bianca significa puramente e semplicemente dire che *la neve è realmente bianca*.

In un certo impiego della parola "vero", essa non ha altra funzione che indicare che il discorso presenta davvero la realtà delle cose così come sono – vale a dire come sono indipendentemente dal discorso. La verità, in questo senso, *presuppone la realtà*. Allora non si tratta tanto di una realizzazione della verità, di qualche cosa che essa compirebbe, quanto piuttosto di una *definizione* della parola "verità". Invece, non avrebbe senso dire che la realtà presuppone la verità: ciò che è realmente è ciò che noi diciamo che c'è quando ciò che diciamo è vero, ma non per questo il concetto di verità è minimamente incluso in quello di "realtà".

Così la dipendenza è a senso unico. Si tratta ciononostante di un punto grammaticale e non di una tesi metafisica. Aristotele non formula tanto una tesi sull'esistenza di qualcosa, trascendente rispetto alla verità, che dovrebbe rendere questa verità possibile, ma piuttosto egli attira la nostra attenzione sulla grammatica stessa della nozione di "verità": fa parte di questa grammatica che *sia vero che la neve è bianca perché la neve è bianca*, e non l'inverso. La fondazione asimmetrica della verità nella realtà è un tratto che definisce un certo concetto di verità – che chiameremo per comodità il *concetto tradizionale di verità*.

Ciò che una certa filosofia moderna sembra averci fatto perdere di vista, nella sua ricerca dell'oggettività, è che almeno un certo tipo di verità – la cui esistenza è essenziale al concetto di verità – ha il senso di caratterizzare la cosa *come essa è*, il che presuppone che quella sia qualche cosa. Quel che si potrebbe chiamare *il radicamento ontologico della verità*.

Ora, questo radicamento è fondamentale. È ciò che fa del pensiero non "uno stato nello stato", ma il luogo della nostra responsabilità verso il mondo. È fondamentale che, nei nostri pensieri, ne possa andare di come sono le cose e ciò non nel senso che i nostri pensieri, per se stessi, determinerebbero dei modi d'essere per le cose (che si ridurrebbero allora ai loro pensieri), ma nel senso che essi si determinano essi stessi in riferimento al fatto che le cose sono in un certo modo e che essi cercano di catturare questi modi. È essenziale che il pensare possa essere a proposito del mondo e che lo sia essenzialmente: questa è l'intuizione filosofica alla quale il realismo tenta di fare giustizia.

3. Contestualismo

Adesso, che significa questo radicamento ontologico della verità? Alcuni hanno trovato in una tale idea, contrapposta all'anti-realismo moderno, delle ragioni per rilanciare un *programma ontologico* in filosofia.

A un certo livello non si può che dare loro ragione: parlare di radicamento ontologico della verità vuol dire rapportare almeno alcune verità a dei modi d'essere per le cose. Il che presuppone che ci siano tali *modi d'essere* e dunque, per principio, un oggetto possibile di ontologia.

Si diffiderà tuttavia di una certa rappresentazione, forse inevitabilmente attaccata all'idea di ontologia intesa come frutto tipico del pensiero moderno: nello specifico quella di un puro e semplice catalogo di tali modi d'essere decontestualizzati, considerati facendo astrazione dalle condizioni sotto le quali avrebbe un senso farvi riferimento, in qualche modo come *oggetti di riferimento ideale*.

Essere realista non vuol dire solamente accordare uno statuto "reale", vale a dire trascendente, al riferimento ma riconoscere anche che *non c'è riferimento – e dunque identificazione del riferimento – senza condizioni reali*. O piuttosto: accordare uno statuto "reale" al riferimento presuppone necessariamente l'assunzione delle condizioni reali del riferimento ad esso. La trascendenza del riferimento non si incontra in effetti se non secondo il formato di un riferimento reale e non secondo quello di un riferimento indeterminato.

In questo senso, l'errore dell'"ontologia" in quanto catalogo di entità decontestualizzate, vale a dire astratte dalle condizioni concrete sotto le quali ha senso farvi riferimento, è di credere che ovunque fosse vero dire che "la neve è bianca" ci sarebbe lo stesso genere di "stato di cose" – o, in mancanza, dei particolari astratti *simili* – che renderebbe(ro) vero quest'enunciato. Ciò significa tenere in poco conto il fatto che, dicendo "la neve è bianca", possiamo voler dire cose di ogni sorta.

Per prima cosa, bisogna notare che, se metto dei cristalli di neve sotto il microscopio, essi non sono bianchi ma trasparenti. Ciò non vuol dire, contrariamente alla conclusione che un certo relativismo post-moderno potrebbe essere tentato di tirarne, che non è dunque vero che la neve è bianca, ma solamente che quando utilizzo questa frase, in generale, si intende per "neve" qualcosa di bene determinato: "la neve" a livello fenomenologico, così come la percepiamo in quantità sufficiente (in massa) a occhio nudo.

Ciò tuttavia non è inscritto nella sola frase che, a seconda delle circostanze, può voler dire ogni sorta di cose, ma in un certo *uso* standard della frase. In numerose circostanze ciò è scontato ma non per questo, laddove la questione ontologica venga posta, non si deve procedere ad una determinazione.

D'altra parte, bisogna notare che, in realtà, la neve descritta come "bianca" può presentare un'infinità di aspetti differenti. Ci sono molti modi di "essere bianco" e anche la neve, quando ha senso dire che è bianca, può presentare sfumature molto differenti.

È possibile perciò che una superficie innevata che sarà detta "bianca" da un certo punto di vista non possa esserlo da un altro: tutto dipende dal senso della bianchezza ("immacolata", "crema" ecc.) che, in ogni circostanza, è epistemicamente richiesto.

Se il nostro proposito è di enunciare una verità generale sul colore della neve, sarà logico certamente chiamarla "bianca", anche se si sa bene che, in primo luogo, essa lo è più o meno e, in secondo luogo, in certe circostanze essa può non esserlo, come per esempio quando è stata colorata, come si è visto recentemente in una gara di sci.

Invece, in circostanze definite, le differenze che non intervengono nell'impiego generico del concetto di "bianco" iniziano a contare. Domandando se la neve che vedo qui – quello che generalmente vediamo come "la" neve – è bianca, mi posso chiedere se è vergine e intatta o se presenta il segno del passaggio di un gruppo numeroso che l'ha sporcata. O piuttosto mi posso interrogare sulla sua densità, che la fa apparire più o meno bianca.

Queste differenti domande definiscono delle norme di bianchezza differente, seguendo le quali varierà l'apprezzamento quanto al fatto di sapere se la distesa di neve in questione è bianca o no. Ora, ogni volta, la determinazione della domanda, espressa con le stesse parole, è indissociabile da uno scenario, da una certa interazione con la realtà ambientale nella quale si costruisce un punto di vista.

Il coglimento di questa realtà e la sua caratterizzazione, corretta o scorretta, non può precisamente effettuarsi che secondo un tale punto di vista. Il punto di vista, qui, non funziona come uno schermo o come un filtro: esso è la *modalità del nostro ancoraggio cognitivo nella realtà*. Se vogliamo caratterizzare adeguatamente la realtà con la quale abbiamo a che fare, è essenziale determinare esattamente la domanda che gli poniamo. Ora, una tale determinazione è indissociabile dalla natura contestuale della presa che esercitiamo sulla realtà.

Per esempio la questione di sapere se la neve è bianca o no può essere una questione di sfumatura – laddove essa può esser stata sporcata e laddove *conta*, per esempio ai fini di un'inchiesta, che essa lo sia stata o meno. Ma essa può anche mobilitare un concetto più generico di "bianco", in circostanze particolari, se per esempio sulle Alpi svizzere ci troviamo di fronte a un fenomeno di "neve rosa" e vogliamo marcare la differenza tra le porzioni di neve colpite dall'alga colorante e quelle non colpite.

In questo caso si tratta puramente e semplicemente di sensi differenti di ciò che vuol dire per la neve essere bianca o meno. Non c'è una proprietà comune in virtù della quale la neve sarebbe necessariamente "bianca" nei due sensi: essa può essere "rosa" in un certo senso e "sporca" nell'altro.

L'annotazione di Aristotele, il quale riguardo al fenomeno della neve rosa nella *Storia degli animali* afferma che «invecchiando, la neve diviene sempre più rossa»[5] e imputa il colore rosso degli «animaletti» che si trovano nella neve vecchia a questa stessa neve, fornisce una materia interessante a tali cambiamenti di prospettiva. Di certo, ciò che sostiene il Filosofo è doppiamente falso: questi «animaletti» sono infatti delle alghe e sono loro che rendono rossa la neve, non il contrario.

Ciononostante, questa rettifica chiama precisamente un'annotazione: da un certo punto di vista è vero che, in questo genere di circostanze, la neve è rossa; d'altra parte, se la questione diviene quella di sapere da dove provenga questo rossore, allora bisognerà dire che questa stessa neve, in se stessa, è bianca: semplicemente, essa è divenuta rossa per una sostanza estranea. La questione potrebbe porsi negli stessi termini per le colorazioni artificiali che si utilizzano talvolta al giorno d'oggi.

Ciononostante, qui la questione dell'artificio o dell'alterazione attraverso un'altra materia non è determinante e il problema è molto più generale. Così, in modo all'apparenza eminentemente scolastico, posso enunciare nel cuore di una notte senza luna che una certa distesa di neve è bianca. Il fatto che essa sia attualmente nera non

---

5   Aristotele, *Hist. anim.*, V, 18, 553a.

cambia in generale niente rispetto al valore di una tale affermazione, poiché è evidente che mi riferisco al colore di questa neve sotto le condizioni standard di illuminazione, che sono quelle del giorno. Tuttavia è anche possibile che, in certi casi, quello che conta sia precisamente il contrasto tra l'aspetto della neve di giorno e di notte. Allora la cosa da dire – e vera – sarà che essa è nera – e non bianca. Infine, talvolta, non sarà la semplice bianchezza generica di questa distesa di neve che conterà ma nuovamente la sua sfumatura esatta – se essa è più o meno bianca – benché, tuttavia, nel momento in cui si pone la questione sia impossibile vedere questo bianco. Così ci si potrà domandare se una tuta mimetica bianca si vedrà o no per contrasto con una neve sporca nel caso in cui il nemico spari un razzo che illumini la distesa in questione. Allora l'enunciato secondo cui questa neve è bianca o no assume di nuovo un senso ben definito, che non ha niente di scolastico (vale a dire di acontestuale e irreale).

Si può allargare la prospettiva, notando che il carattere a geometria variabile del riferimento del presunto enunciato invariante secondo cui "la neve è bianca" non poggia solamente sulla diversità di quello che contestualmente si sarà condotti a chiamare "essere bianco", per la neve, ma anche di quello che si chiama "neve".

Se davanti alla scarica di un estintore esclamo "la neve è bianca!" (per contrasto per esempio con una macchina identica che rilascia una neve verde o rossa), allora si tratta evidentemente di neve carbonica. Si sarà tentati di vedere in ciò una metafora: è in riferimento alla neve "naturale" che chiamiamo la schiuma che esce da certi estintori "neve".

Tuttavia se metafora vi è, è lessicalizzata ed è divenuta sotto certe condizioni di senso proprio. Contestualmente, "neve" può voler dire "neve dell'estintore", e questo senza che alcun confronto implicito o allusione poetica sia con ciò effettuata. Sebbene questo impiego del termine possa esser derivato geneticamente, non per questo esso non ha un proprio diritto. Del resto non è necessariamente ambiguo: lo diviene solo laddove ci sia posto per effettuare una distinzione tra quella "neve" là e la "vera neve", come quando nei paesi caldi si ha l'abitudine di decorare gli alberi di Natale di neve artificiale.

Allora può aver senso, in un contesto, indicare un cumulo bianco su un ramo e dire: "questa non è neve!". Al contrario, in certe condizioni conta solo l'aspetto a fiocchi della neve dell'estintore e, nelle circostanze in cui ci si trova, non vi è peraltro ambiguità possibile e dunque non vi è neanche spazio per la distinzione: perciò l'enunciato "questa neve è bianca" non ha realmente un *senso* differente a seconda che si applichi alla neve naturale o alla neve carbonica; e invece, a seconda dei contesti, non si *riferisce* alla stessa cosa: non è lo stesso genere di stato di cose che la rende vera in un caso o nell'altro.

4. Contro il riduzionismo ontologico

Riassumiamo ciò che abbiamo stabilito: a seconda delle circostanze, non è esattamente la stessa cosa ciò che noi individuiamo con l'espressione "bianchezza della neve"; e, al di fuori di ogni variazione di circostanza, tale espressione può ancora individuare aspetti differenti della realtà, secondo il rapporto nel quale ci troviamo rispetto alle circostanze. Non è una questione di relatività soggettiva ma di *punto di vista oggettivo*: tutto dipende dalla domanda che, tenuto conto dello scenario – cioè dell'interazione con la realtà – nel quale ci troviamo, è logico porre alla realtà. È questa domanda e nessun'altra che in queste circostanze e in *questo uso definito delle circostanze* cattura "la realtà".

Significa che la *pertinenza* è una nozione che deve giocare un ruolo maggiore in ogni interrogazione di tipo "ontologico", per quello che ciò può significare. Là dove si tratta di *dire ciò che c'è* e dove perciò si intende tematizzare un essere in senso reale, "trascendente", del termine, bisogna sempre tornare alle condizioni reali dell'enunciazione, e un fattore decisivo è costituito da ciò che, secondo una tale enunciazione, può *contare* come essente questo o quello.

Si chiamerà "metafisico" nel senso peggiorativo del termine ogni punto di vista riduzionista che tenta di rispondere a un'interrogazione di tipo ontologico senza tener conto di *ciò che conta o meno* nelle circostanze e nell'uso (o correlativamente l'attitudine di pensiero) considerati.

Un'analisi incontrata a un congresso qualche anno fa, nel momento in cui la moda dell'ontologia era al culmine, fornirà qui un esempio di tale illusione. Un relatore, obbedendo alla moda dei "tropi"[6], pretendeva di dare un fondamento tropologico al fatto che chiamiamo "mucca" tanto un animale vivo che un animale impagliato. Questa omonimia era secondo lui il segno che i due enti, senza condividere nulla, condividevano almeno certi "tropi" (cioè certi particolari astratti) o, supponendo che si trattasse di due individui differenti e non dello stesso prima vivente e poi impagliato, contenessero rispettivamente dei tropi somiglianti l'uno all'altro. Cos'erano questi tropi? Ciò non era in questione, non era precisato. Senza dubbio gli aspetti dell'animale che risultano dalla semplice presenza della pelle e delle ossa! Così si era fondata la comunanza di riferimento tra un impiego della parola "mucca" e un altro, scoprendo i costituenti ontologici comuni alla mucca nel prato e a quella nella Galleria dell'Evoluzione. *Fondare il riferimento sull'ontologia*, in altri termini, il che potrebbe sembrare eminentemente desiderabile se si vuole rendere giustizia alla portata intrinsecamente ontologica del discorso.

Tuttavia la superficialità di quest'analisi salta agli occhi. Se dico al contadino che mi ospita che c'è una mucca nel prato, egli considererà che mi sono preso gioco di lui o che ho proprio l'intelligenza di un cittadino, se si tratta di una mucca impagliata. Nel contesto del conteggio degli animali, una mucca impagliata semplicemente non è una mucca, essa *non conta* come mucca.

E i tratti di "mucchità" che possono essere in essa semplicemente non contano. In un altro contesto, al museo, c'è solo la mucca impagliata che renderà vero l'enunciato secondo il quale vi è una mucca e costituirà il suo *truth-maker* adeguato. Infine, ci sono senza dubbio delle prospettive, come quelle del naturalista, secondo le quali, a un certo livello di analisi almeno, poco importa se l'animale è impagliato o no: ciò che conta è che si abbia un rappresentante della specie.

Ancora una volta, "una mucca" non è sempre la stessa cosa. Vale a dire, secondo le circostanze e l'uso, non è sempre la stes-

---

6 Con "tropo" si intende un particolare astratto, un'istanza specifica di una proprietà; ad esso si contrappone l'universale, inteso come proprietà reale condivisa dagli individui appartenenti a una stessa specie o genere (N.d.T.).

sa cosa che *conta come* una mucca. Ora, sarebbe del tutto artificiale supporre che, da un uso all'altro, vi sia come una sorta di "mucchità" minimale che circola e che garantisce che tutte queste mucche, che lo sono in sensi differenti, ne siano ad ogni modo dei rappresentanti.

Non c'è una "mucca minimale" che costituirebbe la parte comune di una mucca viva e di una mucca impagliata – chiamiamo ciò semplicemente "pelle di mucca" e non "mucca" – ma eventualmente una "mucca" in un terzo senso del termine (zoologico) nel quale *non importa* che l'ente in questione sia impagliato o no – ma conta per esempio la sua differenza con altri esseri del regno animale.

Al di fuori di questo senso è totalmente diverso essere una mucca viva e essere una mucca impagliata e anche i tropi che si potrebbe essere tentati di considerare – come "avere questa pelle" – hanno un senso totalmente differente in un caso e nell'altro: non è la stessa cosa avere una pelle per una mucca impagliata e per una mucca viva – l'una e l'altra non hanno "lo stesso modo" di averla. E dunque, in un certo senso, ciò che le rende rispettivamente "mucche" non è la stessa cosa.

È essenziale che nella realtà la parola "mucca" possa avere questi impieghi differenti e che, in questi impieghi, essa designi cose differenti. Nessuna analisi del riferimento che si voglia indipendente dalla particolarità delle modalità referenziali effettivamente messe all'opera e dal modo in cui queste definiscono rispettivamente ciò che conta o no in materia di riferimento permette di fondare qualche comunanza o diversità referenziale di sorta tra i termini.

In numerosi contesti, la differenza tra una mucca viva e una mucca impagliata resterà infinitamente più abissale di quanto non suggerirebbe una mereologia acontestuale e un'analisi in termini di parti fisiche o metafisiche. Dal punto di vista di un certo tipo di riferimento, vi è una maggiore differenza tra una mucca viva e una mucca impagliata che tra una mucca viva e una pecora viva.

Ora, qui come altrove, la metafisica deve seguire e non comandare: le distinzioni metafisiche pertinenti (come quella di "morto" e di "vivo", messa in evidenza in un contesto analogo da Aristotele, cfr. *De An.*, 412b20) si spiegano precisamente secondo le norme introdotte dai nostri modi di far riferimento, *poiché questi modi di far riferimento sono delle relazioni con la realtà stessa.*

Arrivati a questo punto, ci sarà probabilmente chi nutrirà il sentimento di trovarsi nuovamente in esposto al rischio del relativismo linguistico che il punto di vista realista voleva scongiurare. Non si arriva a suggerire in definitiva che *ciò che c'è, è ciò che si dice che c'è?*

Questa inquietudine, tuttavia, deriva da un errore di prospettiva. In effetti, non è perché non vi è ontologia senza grammatica – il nostro punto potrebbe in fondo riassumersi in questi termini – che questa non ha una portata propriamente ontologica.

In primo luogo, è fondamentale che si dica ciò che si dice *nella realtà* e che non ci sia atto linguistico che non sia un posizionamento in essa e rispetto ad essa, e dunque che non presupponga delle condizioni reali. Il carattere contestuale di ogni determinazione della realtà è anche quello che contrassegna l'assurdità del relativismo linguistico, inteso come presunta relatività di *ciò che c'è* rispetto a delle forme di discorso oscillanti per se stesse, indipendentemente da ogni ancoraggio.

Di certo non c'è altro modo di determinare ciò che c'è se non individuandolo con un discorso e, in questo senso, non c'è altro rispetto a ciò che diciamo ci sia; tuttavia bisogna aggiungere: nella misura in cui si dice *ciò che ha un senso dire che c'è*. In altri termini, non si può fare l'economia della questione dell'adeguamento del discorso alla realtà. Cioè: del suo adeguamento alla situazione nella quale si pone a noi la questione di dire questa realtà.

In secondo luogo, bisogna comprendere fino a che punto questo realismo contestuale, precisamente, è un realismo in senso forte, cioè non riguarda "solamente" il modo di dire le cose, ma *le cose stesse*. Non si tratta in effetti di dire, come farebbe il relativismo, che la cosa in se stessa non è né "mucca" né "non mucca" ma che, secondo le circostanze, noi la descriviamo come "mucca" o come "non mucca". No, la cosa stessa è precisamente *esattamente, realmente ciò che in certe circostanze definite noi descriviamo come "una mucca" e in altre no.* È "quella stessa" che nello studio di un tassidermista conta come "una mucca" che, tranne in circostanze particolari, nel prato non conterà come una mucca. Si tratta di questa stessa cosa nella sua concretezza.

La determinazione contestuale non è una variazione di punto di vista esteriore alla cosa stessa; laddove essa viene effettuata correttamente, essa raggiunge la cosa stessa. Essa è anche, logicamente, il solo mezzo per raggiungerla. *Nella realtà, ci sono delle cose che in certi contesti contano in un certo modo e in altri in un altro.*

Questa variabilità di ciò per cui esse contano – della loro determinazione ontologica – fa parte della loro realtà. Essa ne è in un certo senso la sostanza stessa: la grana. Il "vero" oggetto non è in disparte rispetto al suo essere una mucca – cioè al suo *contare come una mucca* – in certi casi, né al suo non esserlo in altri. Esso non è neutro o "bianco" rispetto a tali determinazioni, ma è esattamente ciò che, in ciascun caso, è catturato da queste, se esse sono correttamente applicate (è la loro funzione).

La contestualità appare perciò come una proprietà intrinseca della realtà. Il famoso potere costrittivo del reale sul pensiero si esprime essenzialmente nel fatto che *si è obbligati a determinarlo in un certo modo – e non in un altro – in un certo contesto.*

Ma ciò vuol dire anche che la "realtà" non assume una figura determinata se non in quanto è abitata da certi esseri che, al suo interno, costruiscono su di essa certe norme, cioè certi modi di conteggiarla – di definire ciò che in essa "conta" o no[7].

Il che è del tutto naturale. Poiché voler stendere l'inventario della realtà, dimenticando che *lo si fa sempre in un certo modo*, e soprattutto in modi variati e definiti, non sarebbe voler «lavare il cuoio senza bagnarlo» (Frege, *Grundlagen der Arithmetik*, §26), giudicare essendo affrancati dalle condizioni del senso dei giudizi che formuliamo?

---

7   Il che vale anche per la rappresentazione di un "mondo senza noi", o "indifferente a noi", da cui una certa metafisica, al giorno d'oggi, trae profitto. Anche là si tratta di una rappresentazione che *noi possiamo farci*. Inevitabilmente perciò si pone da una parte la questione delle sue condizioni – di che genere di esseri c'è bisogno per alimentare queste rappresentazioni, e in che rapporto con il reale? – dall'altra la questione di ciò che essa determina come importante o no – cos'è che caratterizza una situazione come "senza di noi"?

La "scena vuota": Heidegger, Wittgenstein e la questione del realismo

di Stefano Oliva

Tra le produzioni cinematografiche degli ultimi anni, un posto di rilievo spetta alle pellicole che sono riuscite a dar forma all'angoscia – tipica dell'uomo contemporaneo – della "scena vuota": dai *blockbuster* come *Io sono leggenda* alle serie TV come *The Walking Dead*, passando per cartoni animati come *Wall-E*, sempre più spesso viene proiettata sullo schermo la fantasia di un mondo senza più esseri umani (o in cui i nostri simili sono definitivamente in via di estinzione).

Si moltiplicano dunque le panoramiche aeree su una Manhattan invasa dalle liane, apocalittica giungla metropolitana, e le desolanti carrellate su un pianeta Terra ormai divenuto arido e desertico come il Pianeta Rosso. In queste ambientazioni post-apocalittiche, l'essere umano non trova più le condizioni necessarie per vivere: come in un teatro abbandonato, la scena rimane vuota (salvo, talvolta, ospitare singoli superstiti o piccoli gruppi di scampati che rimettono in moto la macchina narrativa).

Si potrebbe pensare che il successo delle pellicole in questione derivi dalla capacità di intercettare una delle paure più tipiche della nostra epoca: davanti alla fine imminente delle energie non rinnovabili, in un momento di incertezza economica e culturale (soprattutto nel mondo europeo e statunitense), il rischio di estinzione della specie umana appare come una sinistra eventualità non del tutto fantascientifica.

A ben vedere, tuttavia, quella che sembra una paura può rivelare anche un'inconfessabile pulsione: la morbosa curiosità di vedere come sarebbe il mondo senza di noi, il desiderio di abbandonare definitivamente questo mondo lasciando vuoto lo spazio di dominatori della natura che da millenni ormai occupiamo. E non è un caso che questa oscura aspirazione trovi espressione nel cinema: in fondo, nei ben noti tentativi di riprendere la realtà "così come essa è" – dal "cineocchio" sovietico al Neorealismo italiano – non è sempre in questione l'utopia di un mondo perfettamente oggettivo, trasparente, integralmente impersonale?

La fantasia della "scena vuota" non è solamente una suggestione cinematografica ma trova spazio anche in campo filosofico: il "ritorno alla realtà" dopo le ubriacature ermeneutiche tipiche del post-modernismo rappresenta un esempio evidente della necessità di oggettività che caratterizza il panorama attuale. In modo simile, il riduzionismo delle "scienze dure" così come le diverse declinazioni del realismo scientifico (sulle entità piuttosto che sulle teorie) testimoniano questa tendenza ad archiviare i rilievi filosofici sollevati dai diversi tentativi di difesa delle ragioni del soggetto.

Per fare un esempio, Maurizio Ferraris individua nel prospettivismo relativista tipico del post-modernismo il compimento definitivo (ma congruente) del progetto della modernità (Ferraris, 2012). A questo, viene contrapposto un radicale rovesciamento di prospettiva per cui ogni forma di trascendentalismo, soggettivismo ermeneutico o idealismo linguistico viene accantonata a vantaggio di un rinnovato interesse per l'inemendabilità della realtà. I fatti, ci ricorda il filosofo torinese, non sono disponibili a ogni interpretazione, ma hanno una consistenza autonoma rispetto ai diversi punti di vista.

Il congedo dalla tradizione filosofica che riconosce la centralità epistemologica del soggetto – un vero e proprio addio, a giudicare dal titolo del volume *Good-bye Kant!* (Ferraris, 2004) – segna una *svolta ontologica* di segno opposto alla *svolta linguistica* che ha caratterizzato il Novecento.

Tornano così in questione i concetti di proposizione, verità, riferimento: se in passato si era sottolineato il valore locale, non assoluto, dei codici e dei sistemi espressivi – si pensi all'uso che fanno Lyotard (1979) e Vattimo (2012) del concetto wittgensteiniano di *gioco linguistico*, fornendone una chiara interpretazione relativista (2013) –, adesso l'accento viene posto sull'indipendenza della realtà dalla mente, enfatizzando il peso ontologico di ciò che nel linguaggio troverebbe solo una tardiva espressione.

In questo panorama, la posizione di Jocelyn Benoist risulta singolarmente equilibrata. Il filosofo francese propone una distinzione tra "verità" e "formato di verità", difendendo l'oggettività della prima, ma rivendicando la relatività del secondo alla nostra forma di vita. Tale distinzione apre la strada a un'altra specificazione: non è vero che ogni critica all'assolutismo ontologico (posizione che difende le ragioni di un'oggettività del reale indipendente dalla mente) si debba risolvere in una tesi relativista; al contrario, è possibile abbracciare una posizione *contestualista* che mantenga l'indipendenza del valore di verità degli enunciati non rinunciando tuttavia a porre la questione delle concrete modalità *d'uso* dei mezzi linguistici da parte dei parlanti.

I nostri enunciati, infatti, non sono proposizioni disincarnate, ma si presentano sempre come espressioni legate a un contesto particolare, aventi una finalità specifica, collocate in definitiva in una forma di vita. Il linguaggio opera sulla realtà tagli di tipo diverso, stabilendo in tal modo ripartizioni che conferiscono un senso – non infinitamente variabile né "soggettivo" – alle proposizioni che effettivamente vengono pronunciate: un'analisi attenta dei contesti, dice Benoist, non contraddice il realismo, ma anzi lo segnala come un'istanza imprescindibile, ribadendo la necessità dell'«inserimento effettivo degli agenti pensanti nel reale» (Benoist, 2014, p. 3).

La posizione realista, tuttavia, tende ad «anteporre la *realtà* alla *verità*, ponendo la seconda come dipendente dalla prima» (*Ivi*, p. 8): in tal modo però si rischia di confondere una chiarificazione grammaticale (relativa ai possibili usi della parola "verità") con una tesi metafisica riguardante l'esistenza di qualche entità trascendente rispetto alla verità, che renderebbe tale verità possibile. Ci troviamo in questo modo davanti a un «radicamento ontologico della verità» (*Ivi*, p. 9).

Contro il "programma ontologico" che prende le mosse dal riconoscimento di tale radicamento, Benoist difende le ragioni del contestualismo, secondo cui «accordare uno statuto "reale" al riferimento [linguistico] presuppone necessariamente l'assunzione delle condizioni reali del riferimento ad esso» (*Ibidem*): ciò significa che non basta guardare alla realtà per decidere il valore di verità di un enunciato ma è necessario tenere in considerazione tanto le motivazioni che spingono un parlante a pronunciare una certa proposizione, quanto il gioco linguistico in cui tale proferimento è inserito e dunque la forma di vita in cui esso acquisisce senso pienamente.

Ciò che diviene centrale è dunque la nostra «modalità di ancoraggio cognitivo alla realtà» (*Ivi*, p. 10), vale a dire la *pertinenza* delle nostre prestazioni linguistiche e delle domande che poniamo alla realtà stessa: in ogni contesto in cui si chieda "cosa realmente c'è?" (domanda tipicamente ontologica) bisogna determinare con attenzione cosa, in quel contesto, *conta come* l'ente che stiamo cercando.

L'esempio della mucca viva e della mucca impagliata proposto da Benoist è chiaro: non sempre i due esemplari "contano" come mucca – tale conteggio è infatti strettamente legato alle nostre aspettative e alle nostre prese normative sulla realtà. L'ancoraggio del nostro linguaggio alla realtà non si può demandare totalmente a un'ontologia astratta e acontestuale: piuttosto, i diversi modi – contestualmente connotati – di far riferimento alla realtà rappresentano già un originario radicamento ontologico, caratteristico della nostra forma di vita.

Il realismo proposto da Benoist è dunque in primo luogo un realismo relativo ai contesti, alle concrete situazioni, in cui ci troviamo a far riferimento al mondo attraverso il linguaggio: per questo motivo «non vi è ontologia senza grammatica» (*Ivi*, p. 14) e non vi è grammatica senza un'analisi delle forme di vita connesse.

L'analisi di Benoist denuncia il carattere illusorio di ogni forma di realismo metafisico che cerchi di costruire un'ontologia come un catalogo, un inventario di enti, senza tenere in considerazione il punto di vista a partire da cui tale catalogo viene steso. Per l'appunto, non è possibile affacciarsi su una scena vuota senza che rimanga almeno – come nei film apocalittici che abbiamo ricordato – la macchina da presa davanti a cui si dischiude lo spettacolo, desolante e al contempo affascinante, di un mondo senza più soggettività umana.

Nell'articolo di Benoist, la necessità di radicare le domande sulla realtà nel contesto concreto in cui i parlanti agiscono viene espressa con concetti tipici del linguaggio wittgensteiniano: le nostre proposizioni non sono sentenze monolitiche sulla realtà ma sono "mosse" inserite in specifici *giochi linguistici*, all'interno dei quali di volta in volta bisogna stabilire "che cosa conta come che cosa"; i giochi linguistici, da parte loro, rivelano sempre una *forma di vita*, un radicamento al contempo culturale e biologico tenendo conto del quale è possibile comprendere a pieno il valore degli atti linguistici in questione.

Il richiamo alla "seconda" filosofia di Wittgenstein non è casuale: il "realismo senza metafisica" di Benoist, infatti, rimette al centro del dibattito alcune istanze tipiche della filosofia del Novecento. In primo luogo, la dipendenza dell'ontologia nei confronti della grammatica ribadisce l'importanza della riflessione filosofica sul *linguaggio*, inteso come via d'accesso privilegiata alla realtà.

In secondo luogo, una tale indiretta difesa della "svolta linguistica" rilancia l'idea per cui, quando ci si interroga sui concetti di verità, oggettività e realtà, non si può non affrontare preventivamente la questione relativa a quel *particolare ente* che è in grado di condurre tale interrogazione. Infine, focalizzando l'attenzione sulla specifica forma di vita di umana, la quale è in grado di interrogarsi sull'esistenza e sull'oggettività degli enti esterni, emerge il carattere fondamentalmente *non epistemico* del nostro accesso al reale.

Questi punti sono condivisi da due fra i più rilevanti orientamenti della filosofia del Novecento: come vedremo ripercorrendo velocemente alcuni snodi del pensiero di Heidegger e di Wittgenstein, la fantasia della "scena vuota" non può che rivelarsi un'illusione.

1. Heidegger: l'Esserci e la questione dell'essere

Fin dall'introduzione di *Essere e tempo*, la questione del senso dell'essere trova il suo luogo specifico nell'essere di quell'ente che ne pone il problema: per questo motivo, preliminarmente a ogni indagine, è necessaria un'analitica ontologica dell'Esserci, la cui costituzione fondamentale è l'essere-nel-mondo.

Poiché all'Esserci appartiene, in linea essenziale, l'essere-nel-mondo, il suo essere in rapporto al mondo è essenzialmente prendersi cura (Heidegger, 1927, §12; trad. it. p. 78).

Tale relazione di cura non è altra cosa dal suo essere, «non è che l'uomo "sia" e, oltre a ciò abbia un rapporto col "mondo"» (*Ibidem*). L'Esserci ha dunque il carattere di un *esser-già-presso-il-mondo*; il conoscere è solamente uno dei diversi modi di essere di quell'ente che è già sempre preso in una relazione costitutiva con la realtà.

A questo dato fenomenologico, che il *conoscere è un modo di essere dell'essere-nel-mondo*, si potrebbe obiettare che si tratta di un'interpretazione del conoscere che finisce per annullare il problema della conoscenza. Infatti, quale problema resta ancora da porre se si *presuppone* che il conoscere è già presso quel mondo che può invece essere raggiunto solo nel trascendimento del soggetto? (*Ivi*, §13; trad. it. p. 82).

Secondo l'impostazione del problema fornita da Heidegger, la questione del possibile raggiungimento del mondo da parte dell'Esserci è un falso problema, poiché presuppone che, da principio, l'Esserci sia "incapsulato" in una sfera interiore e che, solo in un secondo momento, esso debba dirigersi verso la realtà; al contrario, «l'Esserci [...] è già sempre "fuori" presso l'ente che incontra in un mondo già sempre scoperto» (*Ivi*, §13; trad. it. p. 84).

Allo stesso modo, l'ente – presso cui l'Esserci è già da sempre – è strutturato secondo una fitta rete di rimandi: il commercio nel mondo è segnato già da sempre dall'*utilizzabilità*, per l'Esserci, degli enti intramondani, i quali non si presentano dunque come una collezione di oggetti irrelati, accostati in maniera astratta, ma come una totalità legata da rimandi di *significatività*.

Queste prime riflessioni mostrano che per Heidegger non si può pensare la realtà come un oggetto separato che il soggetto dovrebbe tardivamente incontrare uscendo da sé; piuttosto, il punto di vista che accorda una precedenza a un tale presunto stato neutro delle cose, intese come *semplici-presenze*, va indagato nei suoi presupposti. Già da subito l'ipotesi di uno sguardo sulla realtà trasparente e non situato si mostra illusorio.

Il punto di vista, per così dire, oggettivista presuppone che gli oggetti che costituiscono la realtà del mondo esterno siano collocati in uno spazio astratto e impersonale, ma Heidegger ci mette in guardia:

> Non è mai così, che prima ci sia una molteplicità tridimensionale di posti possibili, e poi venga occupata da cose semplicemente-presenti. [...] Tutti i "dove" sono scoperti in base alle direzioni e ai percorsi del commercio quotidiano [...] (*Ivi*, §22; trad. it. p. 131).

Lo spazio si costituisce a partire da un centro di interesse, da un nucleo che organizza la rete dei rimandi possibili: il mondo in cui già da sempre si trova l'Esserci non si insedia in uno spazio neutrale dato precedentemente. Un discorso analogo vale per il rapporto con gli altri: l'Esserci non nasce come un essere autonomo e irrelato che, solo in un secondo momento, si troverebbe a dover stabilire una relazione con l'altro; al contrario, accanto all'essere-nel-mondo, il con-essere quotidiano rappresenta una delle strutture fondamentali dell'Esserci:

> Il mondo è già sempre quello che con-divido con gli altri. Il mondo dell'Esserci è *con-mondo*. L'*in-essere* è un *con-essere* con gli altri (*Ivi*, §26; trad. it. p. 149).

Scardinato il problema del rapporto tra soggetto e mondo, Heidegger procede a una riformulazione della questione dell'intersoggettività, mostrando come, in entrambi i casi, un punto di vista astratto divida termini di per sé originariamente connessi senza saper poi rendere conto del loro effettivo rapporto.

Nel penultimo paragrafo della prima sezione di *Essere e tempo*, il filosofo affronta la questione della dimostrabilità dell'esistenza della realtà esterna, passando in rassegna i due contendenti abituali, il realismo e l'idealismo. Riprendendo le parole usate da Kant nella *Confutazione dell'idealismo*, Heidegger afferma:

> Lo "scandalo della filosofia" non consiste nel fatto che finora questa dimostrazione [dell'esistenza della realtà esterna] non è ancora stata data, ma *nel fatto che tali dimostrazioni continuino a essere richieste* (*Ivi*, §43; trad. it. p. 249).

Il problema, secondo il filosofo tedesco, non è tanto quello di riuscire a dimostrare l'esistenza del mondo esterno e la sua indipendenza dal soggetto, quanto quello di spiegare perché l'essere umano abbia la tendenza a mettere in discussione l'esistenza del mondo per poi doverne fornire una dimostrazione.

Dopo aver infranto il fenomeno originario dell'essere-nel-mondo, si cerca di gettare un ponte fra i due tronconi che rimangono, il soggetto isolato e il "mondo" (*Ivi*, §43; trad. it. p. 251).

D'accordo con il realismo, il mondo esterno è realmente presente, ma solo perché esso è già da sempre dischiuso per l'Esserci: tale realtà, pertanto, non ha bisogno di alcuna dimostrazione. D'accordo con l'idealismo, invece, bisogna ammettere che la realtà esiste "solo nella coscienza", il che non significa, d'altra parte, che tale coscienza debba essere quella di un soggetto scisso rispetto al mondo, un io indeterminato caratterizzato solo negativamente rispetto agli enti intramondani.

Proponendo un'articolazione originale del problema del realismo e dislocandone i termini in maniera che emergano i taciti presupposti che viziano le diverse prospettive in campo, Heidegger rifiuta le suggestioni della "scena vuota" che porterebbero a vagheggiare un'inattingibile neutralità delle visione sulla realtà esterna.

2. Wittgenstein: l'esistenza della realtà come asserzione grammaticale

La riflessione di quello che viene considerato il "terzo" Wittgenstein (Moyal-Sharrock, 2004) – dopo il "primo", autore del *Tractatus logico-philosophicus*, e il "secondo", teorico dei giochi linguistici – si concentra in gran parte sull'analisi delle verità del senso comune, prima fra tutte l'esistenza della realtà esterna.

La critica wittgensteiniana passa in rassegna i truismi proposti da E.G. Moore in *Proof of an External World* (1939): secondo il filosofo austriaco non è corretto dire "So di avere due mani" o "So che il mondo esisteva prima che io nascessi"; piuttosto, tali espressioni manifestano una *certezza*, da tenere ben distinta rispetto al sapere. Possiamo dunque dire "Io sono certo di avere due mani" e "Sono certo che il mondo esistesse prima che nascessi".

La differenza tra l'esser certi e il sapere è prima di tutto una differenza grammaticale: le due espressioni non si possono applicare indistintamente poiché il sapere presuppone la possibilità di un errore, laddove sbagliarsi su qualcosa di cui si è certi rivela un certa incomprensione dell'enunciato in questione: se sono certo di essere un uomo piuttosto che una donna, il mio errore non può che mettere in luce la mancata comprensione del significato stesso della parola "uomo" (Wittgenstein, 1969; §§79-81) mentre, ad esempio, un errore è sempre possibile nel momento in cui dichiaro "So che questa scala misura due metri" (in questo caso una conferma empirica mi può portare a correggere l'enunciato in questione).

La distinzione grammaticale tra sapere ed esser certi conduce alla distinzione tra due tipi di proposizioni: le espressioni rette dal verbo "sapere" possono essere definite «proposizioni temporali», poiché soggette a verifica empirica, mentre le frasi rette dall'espressione "esser certi" vengono indicate come «proposizioni grammaticali» (*Ivi*, §57), in quanto cercano di mettere in luce strutture profonde – abitualmente date per scontate – del nostro parlare e del nostro agire. «"Sapere" e "sicurezza" appartengono a categorie differenti» (*Ivi*, §308); a differenza delle proposizioni temporali, le proposizioni grammaticali si presentano come un sistema olistico e formano lo sfondo indubitabile delle nostre ricerche intorno alla realtà.

La certezza relativa all'esistenza del mondo fa parte di tale sistema di credenze indubitabili: chi la negasse rivelerebbe un'alterità incomprensibile rispetto alla nostra forma di vita. D'altra parte, ha ragione lo scettico – avversario di Moore – che nega di *sapere* che il mondo esiste poiché, propriamente parlando, noi non lo sappiamo – non possediamo alcuna dimostrazione empirica in merito – ma lo *crediamo*: l'esistenza della realtà esterna rappresenta la base di ogni ulteriore gioco linguistico, compreso quello del dubbio e della conferma.

«Il dubbio viene dopo la credenza» (*Ivi*, §160) e la presuppone: non si può dubitare di tutto, ma il dubbio si deve esercitare a partire da un terreno ritenuto stabile che fornisca, per così dire, l'attrito necessario al movimento dell'impresa conoscitiva. L'esistenza del mondo fa parte di questo insieme coeso di certezze che, a ben vedere, non possono figurare come "verità": più semplicemente, esse sono ritirate dal gioco del vero e del falso e ne rappresentano il presupposto.

Le proposizioni grammaticali costituiscono il letto del fiume su cui scorrono le fluide proposizioni temporali: il rapporto tra le due è variabile e, potremmo dire, ciò che è empirico può diventare trascendentale e viceversa. Ciò che resta inalterato è il carattere già da sempre determinato dei giochi linguistici in cui siamo coinvolti: ogni ricerca intorno a singoli dati della realtà esterna non può che basarsi su una rete di assunti non ulteriormente giustificati.

Wittgenstein rigetta tanto la posizione di Moore che l'insinuazione scettica dei suoi avversari, prendendo le distanze dal realismo ingenuo del senso comune così come dall'idealismo che fa del mondo una "creazione" del soggetto. Entrambe le posizioni sono viziate da un errore grammaticale: mentre il realista pretende di sapere che il mondo esiste, lo scettico afferma recisamente che è impossibile sapere qualcosa del genere, finendo per mettere in dubbio l'esistenza della realtà esterna.

Seguendo la distinzione grammaticale proposta da Wittgenstein, non possiamo sapere che il mondo esiste ma, nondimeno, ne siamo certi: l'asserzione "credo che la realtà esterna esista" è uno dei *perni* (Coliva, 2003) su cui poggiano la nostra forma di vita e, di conseguenza, la totalità dei nostri giochi linguistici. L'esistenza del mondo esterno non è dunque oggetto di un sapere: ciò significa che il nostro accesso alla realtà è di tipo primariamente *non epistemico*. Non "sappiamo" che esiste il mondo: semplicemente *agiamo* presupponendo tale certezza come sfondo ai nostri giochi linguistici.

L'affermazione dell'esistenza del mondo esterno ha dunque il valore di un'asserzione grammaticale e non di una tesi metafisica: quando pronunciamo frasi come "credo che la realtà esista", non facciamo una professione di fede realista impegnandoci su una certa visione ontologica, ma manifestiamo la nostra appartenenza a una comunità. La nostra forma di vita, infatti, presuppone la stabilità del mondo esterno come sfondo abituale per tutti gli ulteriori giochi linguistici che costituiscono la nostra pratica quotidiana. Se, di contro, qualcuno ci dicesse di dubitare dell'esistenza del mondo esterno, noi probabilmente non lo capiremmo oppure lo riterremmo affetto da disturbi psichici.

Sull'esistenza della realtà esterna, pertanto, concordiamo con gli altri: le nostre credenze hanno un chiaro profilo comunitario (cfr. *Ivi*, §298). Nelle *Ricerche filosofiche* Wittgenstein individua il luogo di tale accordo con gli altri nel linguaggio: «Vero e falso è ciò che gli uomini *dicono*; e nel linguaggio gli uomini concordano. E questa non è una concordanza delle opinioni, ma della forma di vita» (Wittgenstein, 1953, §241).

Le nostre credenze, ciò che riteniamo vero o falso e i presupposti che riteniamo certi *al di là* del vero e del falso portano in primo piano le condizioni concrete a partire dalle quali pronunciamo i nostri enunciati. Se l'esistenza della realtà esterna fornisce la scena per le nostre pratiche linguistiche, ciò è possibile soltanto perché tale scena non è vuota ma già da sempre abitata da altri; la certezza relativa all'esistenza del mondo esterno trova dunque nell'accordo linguistico il suo luogo naturale.

3. Per un realismo senza metafisica

L'articolo di Benoist riprende le più profonde istanze presenti nelle due tradizioni filosofiche che abbiamo velocemente ripercorso. Quando ci si interroga sull'esistenza di ciò che riteniamo vero e si afferma l'indipendenza della realtà da ciò che ne possiamo pensare, non dobbiamo dimenticare di stabilire *chi* pone tale questione e perché: solamente un'analisi attenta del contesto all'interno del quale si muove il soggetto può permettere di cogliere con sicurezza l'oggetto a cui si fa riferimento. Afferma Benoist:

> Il contestualismo radicale attira la nostra attenzione sulla variabilità non dei valori, del vero e del falso, ma dei contenuti stessi, che non possono essere compresi se non tenendo conto del tipo di interazione con il contesto che suppone un pensiero (Benoist, 2014, p. 2).

Ora, come suggerisce Heidegger, colui che pone la questione dell'esistenza del mondo esterno non è un soggetto staccato dalla realtà, ma un ente già da sempre in relazione con l'ambiente che lo circonda. L'accesso alla realtà, ci ricorda Wittgenstein, è in primo luogo pratico e non epistemico: il mondo è organizzato da un soggetto che parla e che nomina gli oggetti secondo modalità e finalità pratiche, in accordo con gli altri parlanti.

Chiedersi se enti così determinati sussistano indipendentemente dalla mente vuol dire separare in maniera artificiosa ciò che è originariamente connesso. Il realismo che piuttosto dobbiamo difendere è quello relativo ai contesti: come indica Benoist, tale posizione ribadisce «l'ancoraggio reale senza il quale il pensiero si riduce a un'ombra» (*Ivi*, p. 3).

Così come non possiamo dividere arbitrariamente il soggetto dalla realtà, allo stesso modo non possiamo pensare la mente come originariamente solitaria e silenziosa: usando il gergo heideggeriano, costitutivi dell'Esserci sono l'essere-nel-mondo e il con-essere. La dimensione sovra-individuale e comunitaria della credenza relativa all'esistenza della realtà esterna è un tratto qualificante anche dell'analisi di Wittgenstein.

Rimarcando la differenza grammaticale tra "sapere" ed "esser certi", il filosofo sottolinea come l'esistenza del mondo non sia un contenuto epistemico come altri (non possiamo chiederci se il mondo esista nello stesso modo in cui ci chiediamo se ci sia del petrolio in Madagascar); piuttosto, tale credenza – per lo più implicita – qualifica una forma di vita.

La nostra appartenenza a una comunità si misura su asserzioni grammaticali di questo tipo. Di conseguenza, un realismo attento ai differenti contesti non può non tenere in conto la forma di vita che si esprime in un particolare gioco linguistico: senza far dipendere la verità dalla realtà ma riconoscendo che «vero e falso è ciò che gli uomini dicono», l'attenzione si rivolgerà pertanto all'accordo nella *praxis*, da cui scaturiscono determinate asserzioni.

In quest'ottica, le affermazioni sull'esistenza della realtà esterna mostrano pienamente il loro profilo grammaticale, il loro valore trascendentale di presupposto: ecco un modo, come dice Benoist, di riconoscere la priorità della grammatica sull'ontologia.

"La realtà di ciò che diciamo esser vero esiste indipendentemente da ciò che ne pensiamo": una simile professione di realismo rivela una visione metafisica molto impegnativa. Come spesso accade, però, la metafisica dà voce a un incantamento della ragione: un'immagine linguistica o una rappresentazione non sufficientemente analizzata possono esercitare su di noi un fascino irresistibile, portandoci ad abbracciare tesi generali e astratte.

La fantasia della "scena vuota" fornisce simili suggestioni, proponendo all'immaginazione un mondo neutro in cui non c'è spazio per la soggettività umana e per il suo modo di organizzare la realtà. In un simile mondo, l'esistenza degli enti si offre in maniera del tutto trasparente, rivelando la sussistenza autonoma della realtà. Si immagina, peraltro, che in tale visione trasparente e neutrale gli enti sussistano in un'oggettività modellata su quella del sapere scientifico. Ma, ripetiamo, l'esistenza della realtà non è, primariamente, un contenuto epistemico, bensì un *dato* caratteristico della nostra forma di vita, una certezza pratica sulla base della quale impostiamo il nostro agire.

La filosofia del Novecento ha riflettuto a lungo su questa illusione, mettendone in luce le aporie e le ingenuità. Il realismo senza metafisica di Benoist – il suo contestualismo nient'affatto "debole" – riprende la lezione novecentesca, portandoci a riflettere sull'oggettività dei punti di vista, sulle nozioni di *uso* e di *pertinenza*. Il nostro linguaggio è, come ricorda Wittgenstein, il luogo del vero e del falso, senza che ciò conceda nulla al relativismo; per capire quale domanda stiamo ponendo alla realtà, come sostiene Heidegger, dobbiamo tenere in considerazione *chi* pone la questione, il suo contesto, il suo effettivo radicamento nel mondo. Di tutto ciò dovrà tenere conto ogni forma di realismo che non voglia apparire come un'ingenua difesa di impraticabili indagini metafisiche.

Bibliografia

Coliva, A. (2003), *Moore e Wittgenstein: scetticismo, certezza e senso comune*, Padova, Il Poligrafo.

Ferraris, M. (2004), *Good-bye Kant! Cosa resta oggi della Critica della Ragion Pura*, Milano, Bompiani.

Ferraris, M. (2012), *Manifesto del nuovo realismo*, Roma-Bari, Laterza.

Heidegger, M. (1927), *Sein und Zeit*, in *Jahrbuch fur Philosophie und phenomenologische Forschung*, VIII, pp. 1-438, Halle, Niemeyer [trad. it. *Essere e tempo*, Milano, Longanesi, 2005].

Lyotard, J.F. (1979), *La condition postmoderne: rapport sur le savoir*, Parigi, Les Editions de Minuit [trad. it. *La condizione postmoderna: rapporto sul sapere*, Milano, Feltrinelli, 1985].

Moore, G.E. (1939), Proof of an External World, "Proceedings of the British Academy", 25: 273-300.

Moyal-Sharrock, D. (2004), *The third Wittgenstein: the post-investigations works*, Aldershot, Ashgate.

Oliva, S. (2013), *Il dibattito sul Nuovo realismo: accordo e disaccordo sullo "strato di roccia"*, "Rivista Italiana di Filosofia del Linguaggio", 6.

Vattimo, G. (2012), *Della realtà*, Milano, Garzanti.

Wittgenstein, L. (1953), *Philosophisce Untersuchungen* [trad. it. *Ricerche filosofiche*, Torino, Einaudi, 1967].

Wittgenstein, L. (1969), *On Certainty*, Oxford, Basil Blackwell [trad. it. *Della certezza*, Torino, Einaudi, 1999].

Sezione 2
Realismo e scienze "hard"

La questione del realismo

di KIT FINE

Traduzione italiana a cura di *Emanuele Rossanese*

Il mio scopo in questo articolo è quello di contribuire a porre i fondamenti concettuali e metodologici per lo studio del realismo. Giungo a due conclusioni principali: primo, c'è un concetto metafisico di realtà, un concetto che non può essere analizzato con termini più fondamentali; e secondo, le domande su cosa è reale devono essere impostate sulla base di considerazioni di *ground*[8]. Queste due conclusioni sono in un certo senso in tensione con un'altra, dato che la mancanza di un concetto di realtà sembrerebbe ostacolare lo sviluppo di una rigorosa metodologia per determinare la sua applicazione; e una delle mie principali preoccupazioni è stata quella di mostrare come la tensione tra le due possa essere risolta.

L'articolo si divide in due parti principali. Nella prima, indico le difficoltà di formulare una concezione metafisica della realtà. Inizio distinguendo questa concezione di realtà da quella ordinaria (§1) e quindi mostro come i due principali contendenti per una concezione metafisica di realtà – il fattuale e l'irriducibile – sembrano resistere a una formulazione in altri termini.

Questo conduce alla sfida quietista, per la quale le questioni circa il realismo sono o prive di senso oppure prive di scopo (§4); e la

---

8 Qui e nel resto del testo ho deciso di non tradurre il termine *ground* quando viene usato dall'autore come nome proprio. Ho invece deciso di usare il temine "fondamento" negli altri casi. [N.d.T.]

seconda parte dell'articolo (§§5-10) è largamente dedicata a mostrare come questa sfida possa essere affrontata. Inizio introducendo la nozione di *ground* (§5) e mostro dunque come questa nozione
possa essere usata come base per risolvere le questioni che riguardano sia la fattualità (§§6-7) che l'irriducibilità (§§8-9). Concludo
con qualche osservazione circa l'essenziale unità di queste due questioni e sui termini grazie ai quali si possono affrontare (§10).

1. Realtà

Tra le questioni filosofiche più importanti ci sono quelle che riguardano la realtà di questa o quella caratteristica del mondo. Esistono i numeri o altri oggetti astratti? È tutto mentale o tutto fisico?
Ci sono fatti morali? È cercando di risolvere queste questioni che la
filosofia mantiene la promessa di presentarci una visione del mondo,
un'immagine di come il mondo è e di quale sia il nostro posto in esso.

Tuttavia, come è spesso vero in filosofia, le difficoltà iniziano
con la formulazione di una domanda più che nel tentativo di rispondere. L'antirealista sui numeri sostiene:

> Non ci sono numeri.

Ma molti di noi, nei nostri momenti non-filosofici, sono inclini
a pensare:

> Ci sono numeri primi tra il 2 e il 6.

E la seconda di queste proposizioni implica che i numeri esistono; cosa incompatibile con la prima affermazione. Analogamente,
l'antirealista sulla morale sostiene:

> Non esistono fatti morali.

Ma pensa anche:

> Uccidere bambini per divertimento è sbagliato.

E tuttavia la seconda proposizione implica che uccidere bambini
per divertimento è sbagliato è un fatto e, dato che questo è un fatto
morale, la sua esistenza è incompatibile con la prima affermazione.

Come, alla luce di tali possibili conflitti, dovrebbero essere
costruite le affermazioni realiste e antirealiste? Dovremmo considerare il conflitto tra antirealismo e opinioni non filosofiche

come genuino o no? E se no, come è possibile dismettere l'apparente conflitto? Se consideriamo il conflitto come genuino, otteniamo quella che è stata definita come concezione "eliminativista" o "scettica" dell'antirealismo. L'antirealista metterà in discussione ciò che ordinariamente accettiamo, il realista lo sosterrà. Quindi l'antirealista sui numeri negherà, o dubiterà, che ci sono numeri primi tra 2 e 6; e analogamente, l'antirealista morale negherà, o dubiterà, che uccidere bambini per divertimento è sbagliato.

Certo, il mero rigetto di quello che ordinariamente accettiamo è perverso, e così l'interesse di un antirealista circa questa concezione deve presumibilmente derivare dall'assunto che la filosofia è in grado di fornirci qualche ragione speciale per dubitare di quello che ordinariamente accettiamo. Quindi l'antirealista può provare a convincerci che non abbiamo buone ragione per credere in un reame di oggetti astratti con i quali non abbiamo alcun contatto causale e che, per quel che riguarda la morale, non abbiamo giustificazione per andare al di là della mera espressione di approvazione o disapprovazione. La nostra visione del mondo sarà quindi il risultato del nostro avere a che fare con questi dubbi, o lasciandoli persistere o rifugiandosi nello scetticismo.

L'antirealismo, così concepito, ha una lunga e illustre storia; e certamente non si può negare il suo interesse. Tuttavia, in questa era di modestia post-Moore, molti di noi sono inclini a dubitare che la filosofia sia in possesso di argomenti che potrebbero genuinamente minare quello che ordinariamente crediamo. Si può forse concedere che gli argomenti dello scettico sembrano essere del tutto convincenti, ma i mooreani tra di noi continuerebbero a sostenere che la plausibilità delle nostre credenze ordinarie è una ragione sufficiente per supporre che ci *deve* essere qualcosa di sbagliato negli argomenti degli scettici; anche se non siamo in grado di dire che cosa sia. Nella misura in cui, quindi, le pretese della filosofia di fornire una visione del mondo si basano sulla sua affermazione di essere in possesso di un importante fondamento epistemologico, è meglio che queste pretese siano abbandonate.

C'è spazio per un'altra forma di antirealismo – e un'altra spiegazione delle pretese della filosofia – che non le metta in conflitto con la nostra opinione ordinaria? Se c'è, allora noi dovremmo essere in grado di affermare coerentemente che si da il caso che qualcosa sia reale, ma tuttavia negare che sia realmente reale[9]. Ciò richiede, in altre parole, una concezione *metafisica* della realtà, una concezione che ci permetta di distinguere, nella sfera di ciò che è il caso che sia reale, tra quello che è realmente reale e quello che è solo apparentemente reale.

Ma quale potrebbe essere questa concezione metafisica della realtà? Sono state proposte due risposte principali a questa domanda. Secondo la prima, la realtà metafisica deve essere identificata con ciò che è "oggettivo" o "fattuale". L'antirealista, secondo questa concezione, nega che ci siano fatti "là fuori" in virtù dei quali le proposizioni di un dato dominio potrebbero essere vere. Le proposizioni di tale dominio non hanno il compito di affermare tali fatti; servono solamente a indicare il nostro impegno verso il mondo senza affermare, in modo oggettivo, come è fatto il mondo.

Come esempi familiari di tale posizione, abbiamo l'espressivismo in etica, secondo il quale i giudizi etici sono solo espressione di un atteggiamento; il formalismo in matematica, secondo il quale le affermazioni matematiche sono solo mosse all'interno di un sistema di regole formali; e lo strumentalismo nella scienza, secondo il quale le teorie scientifiche sono solo strumenti per la predizione e il controllo del mondo esterno. Secondo invece una seconda concezione, la realtà metafisica deve essere identificata con ciò che è "irriducibile" o "fondamentale".

Secondo questa concezione, la realtà è costituita da certi fatti irriducibili e fondamentali; e negando la realtà di un dato dominio, l'antirealista sta affermando che i fatti che ne fanno parte sono tutti fatti riducibili a fatti di un qualche altro tipo. Quindi il naturalista etico sosterrà che ogni fatto etico è riducibile a fatti natura-

---

9 Sto qui ignorando la possibilità che la riconciliazione si possa raggiungere con la modifica delle nostre opinioni ordinarie, o non considerandole come parte di ciò che crediamo o supponendo che il loro contenuto sia diverso da quello che naturalmente pensiamo che sia. Questi tentativi di riconciliazione, a mio avviso, spostano semplicemente il conflitto dalle opinioni ordinarie a un altro posto.

listici, il logicista che ogni fatto matematico è riducibile a fatti della logica, e il fenomenalista che ogni fatto circa il mondo esterno è riducibile a fatti che riguardano i nostri dati sensibili.

Potremmo considerare l'antifattualismo e il riduzionismo come posizioni che indicano due diversi modi in cui una proposizione può fallire nel "corrispondere" ai fatti. Poiché una proposizione può persino fallire nel puntare nella direzione dei fatti; o può fallire nell'indicare, al livello più fondamentale, come i fatti sono.

In un caso, le proposizioni di un certo dominio non *rappresenteranno* nemmeno i fatti, mentre nell'altro, le proposizione non rappresenteranno *chiaramente* i fatti – ci sarà qualche differenza tra come i fatti sono "in loro stessi" e come sono rappresentati. Se una di queste due concezioni metafisiche della realtà è utilizzabile, sembrerebbe possibile difendere una forma non scettica di antirealismo. Sarebbe infatti perfettamente compatibile affermare ogni proposizione data negando allo stesso tempo che è genuinamente fattuale o fondamentale.

L'espressivista, per esempio, può affermare che uccidere bambini per divertimento è sbagliato e tuttavia negare che, nell'affermarlo, sta affermando qualcosa di fattuale; e il logicista può affermare che 5 + 7 = 12, e tuttavia negare che egli sta dunque affermando qualcosa di fondamentale. La verità è una cosa, lo status metafisico un'altra.

Ma il problema ora non è come difendere la posizione antirealista, ma vedere come essa possa essere intelligibile. Si consideri l'antifattualista in etica. Dato che si assume che non sia scettico, egli vorrebbe presumibilmente affermare che uccidere bambini per divertimento è sbagliato. Ma allora non dovrebbe essere preparato ad ammettere che sta affermando qualcosa su come le cose sono? E non è questa un'affermazione circa come le cose sono nel mondo – l'unico mondo che conosciamo, che include tutto quello che si da il caso che sia reale ed esclude quello che si da il caso che non lo sia? Così non è obbligato ad ammettere che tali proposizioni sono fattuali?

Certo, l'antirealista insisterà che è stato frainteso. Insisterà nell'affermare che la proposizione che uccidere bambini per divertimento è sbagliato non implica un'affermazione circa il mondo reale per come egli lo concepisce e che, anche se può essere corretto affermare che uccidere bambini per divertimento è sbagliato, non c'è un fatto "là fuori" nel mondo reale per il quale tale proposizione è responsabile.

Ma la difficoltà allora è nel comprendere il contrasto tra il suo mondo – il mondo reale "là fuori" – e il mondo dei comuni fatti mondani. Poiché quale spazio c'è, nella nostra ordinaria concezione della realtà, per ogni ulteriore distinzione tra quello che è genuinamente un fatto e ciò che ha solo le sembianze di un fatto?

Analogamente, il riduzionista in etica sosterrà che i fatti etici sono riducibili a fatti di un altro tipo e, su questa base, negherà che sono reali. Ora, può essere concesso che c'è un senso per il quale certi fatti sono più fondamentali di altri; possono servire per spiegare gli altri fatti o forse, in un certo modo, esserne costitutivi. Ma come è possibile che questo fornisca una base per negare la realtà degli altri fatti? Infatti, che essi abbiano una spiegazione nei termini di fatti reali o che ne siano costituiti sembrerebbe indicare che loro stessi siano reali.

Quale è dunque questa concezione di riduzione per la quale il riducibile non è reale[10]? Così come c'era una difficoltà nel comprendere una concezione metafisica dei fatti, tale da sostenere una forma metafisica di antirealismo, c'è qui una difficoltà nella comprensione di una concezione metafisica di riduzione. In entrambi i casi, sembrerebbe che possiamo evitare le assurdità dello scetticismo, ma solo al prezzo di entrare nelle oscurità della metafisica. Si è semplicemente cambiato un fondamento problematico e importante con un altro.

2. Fattualità

Esiste una via di uscita dalle precedenti difficoltà? Si può sostenere una forma intelligibile di antifattualismo o riduzionismo? Discutiamo una questione alla volta. Nel caso dell'antifattualismo, è stato co-

---

[10] Molti filosofi non considerano che la riduzione ha delle implicazioni antirealiste. Il loro concetto di riduzione sembra essere più vicino a quello che più avanti chiamerò *ground*.

munemente supposto che c'è qualche caratteristica delle asserzioni non dichiarative – come "Ahi!" o "Fuori di qui!" – che ovviamente le rende non fattuali e che è posseduta anche da proposizioni dichiarative di un dato dominio[11].

Quindi nonostante queste proposizioni siano dichiarative nella forma, devono essere classificate non fattuali come le asserzioni non dichiarative. Così per esempio, secondo una spiegazione tradizionale di questo tipo, una proposizione "non cognitiva" o "non fattuale" non può essere candidata a essere vera o falsa, e l'antirealista va considerato come chi nega che le proposizioni di una data classe in questione siano candidate per essere vere o false.

Ma il problema con questo approccio è che ciò che viene considerata una caratterista non ovvia delle proposizioni analizzate è in realtà una caratteristica che esse invece ovviamente non hanno. Quindi, dato che uccidere bambini per divertimento è sbagliato, segue – nell'ordinario, chiaro senso di "vero" – che è vero che uccidere bambini per divertimento è sbagliato; e così la proposizione che uccidere bambini per divertimento è sbagliato è dopo tutto una candidata per essere vera o falsa.

Il non cognitivista tradizionale deve quindi o usare i termini "vero" e "falso" in qualche senso metafisicamente speciale che necessita ancora di essere spiegato, oppure dovrebbe considerare se stesso con uno scettico che non è disposto ad affermare alcuna proposizione indipendentemente dal dominio in questione.

Nemmeno aiuta ricorrere ad altre ovvie caratteristiche fattuali delle proposizioni al posto della candidatura alla verità o alla falsità. Si potrebbe suggerire che una proposizione fattuale può essere creduta o asserita, o figurare nelle inferenze, o essere racchiusa in altri contesti linguistici più grandi. Ma anche qui vale lo stesso punto. Poiché nel senso ordinario di "credere", "asserire" ecc. abbiamo credenze morali e asserzioni morali, noi traiamo conclusioni morali, e noi racchiudiamo proposizioni morali in contesti linguistici più grandi; e lo stesso vale per le proposizioni della matematica o della scienza o di altre aree.

---

[11] Sto qui sorvolando sulla difficoltà se i portatori di non fattualità possano essere considerati proposizioni.

Quindi, una volta date queste caratteristiche, il resto sembra seguire da sé – il loro possesso è, per la maggior parte, un "pacco offerta tutto incluso". Non sembra dunque esserci una speranza ragionevole di identificare una forma non scettica di fattualità nei termini del possesso di queste caratteristiche invece che di altre.

Ogni concezione ragionevole e non scettica dovrebbe perciò garantire che le proposizione del tipo che figurano nel dibattito realista siano in possesso di tutti i finimenti della fattualità: dovranno essere vere o false, credute o asserite, racchiuse in un contesto linguistico più grande, e così via. L'antifattualista dovrebbe quindi essere un *quasi-realista*, e attribuire al non fattuale tutte quelle caratteristiche che tradizionalmente si pensa che appartengano al fattuale. Ma se il non fattuale non è distinto dal fattuale nei termini degli ovvi finimenti della fattualità, allora come può essere distinto? Quale, in una parola, è la differenza tra *quasi* realismo e realismo *genuino*?

Sono stati proposti diversi criteri più raffinati che sembrano evitare queste difficoltà[12]. Mi concentrerò su uno in particolare, quello di Dummett, secondo il quale il realismo per una certa area di discorso riguarda primariamente la conferma del "principio di bivalenza", ossia il principio secondo il quale ogni affermazione di un discorso dovrebbe essere vera o falsa[13]. Sosterrò che il criterio, anche se integrato, non è soddisfacente, e poi proverò a trarre qualche conclusione più generale.

Dobbiamo subito notare che la proposta, anche se accettabile in altri contesti, non soddisfa i nostri bisogni. Stavamo infatti cercando una forma non scettica di antirealismo, tale da non essere in contraddizione con le nostre opinioni ordinarie. Ma per quanto riguarda molte aree del discorso, l'opinione ordinaria è che le affermazioni sono soggette al principio di bivalenza; e quindi ogni for-

---

[12] Un'utile introduzione su questi criteri è presente in Wright (1992) e qualche critica generale si può trovare in Rosen (1994), Dworkin (1996) e stroud (2000, capp. 1-2).

[13] Una proposta simile è stata avanzata da Gaifman (1975). Si deve notare che Dummett (1993b, p. 467) non è incline, come lo sono io, ad assimilare il non fattuale di una forma sofisticata di espressivismo con il non fattuale di una posizione costruttivista. Comunque, nessuna delle mie critiche si basa su questa assimilazione.

ma di antirealismo dummettiano deve essere in tal misura scettico. Quindi, nella misura in cui i filosofi hanno desiderato di formulare una forma di antirealismo che non fosse scettica, il criterio dummettiano deve essere considerato come non soddisfacente.

Un altro problema riguarda l'applicazione del criterio ad affermazioni particolari. Poiché di certo noi vorremmo essere in grado di affermare o negare che una particolare affermazione – come "7 + 5 = 12" – abbia un valore realista, che sia o non sia responsabile di una realtà "esterna". Ma come va applicato il criterio in questo caso?

Presumibilmente si deve associare l'affermazione con una particolare area di discorso. Ma quale? La risposta può dipendere da quello che diciamo. Nel caso di "7 + 5 = 12", per esempio, l'area del discorso potrebbe essere quella dell'aritmetica delle equazioni (senza variabili o quantificatori), il linguaggio del primo ordine per l'addizione, oppure il linguaggio del primo ordine per l'addizione e la moltiplicazione.

Ma il finitista potrebbe accettare la bivalenza per il primo linguaggio sebbene non per gli altri, mentre il costruttivista potrebbe accettare la bivalenza per i primi due linguaggi ma non per il terzo. Perciò non c'è una risposta stabile. (Il problema qui è analogo al problema di determinare la classe di riferimento per le probabilità a "caso singolo", e ciò mina anche altri criteri per il realismo).

Anche applicato ad aree di discorso, il principio di bivalenza non è, da solo, sufficiente per il realismo. Un semplice controesempio è il seguente[14]. Si supponga che un antirealista acquisisca un'opinione su ogni elemento di un dato discorso: acquisisce una visione (per ragioni interne al discorso, anche se forse pessime ragioni) sulla risposta vero/falso a ogni domanda che potrebbe essere sollevata. Egli sarebbe quindi impegnato verso ogni istanza del principio di bivalenza, e nella misura in cui egli è consapevole di aver acquisito un'o-

---

14 Si veda Edginton (1980-81) e Winkler (1985) per ulteriori critiche al principio di bivalenza come condizione sufficiente. Credo anche che ci siano problemi con il principio di bivalenza come condizione necessaria per il realismo anche quando sono rimosse le fonti ovvie per i buchi di valore di verità (come vaghezza o fallimento del riferimento), ma è qualcosa di cui non discuterò.

pinione su ogni elemento del discorso, sarebbe anche impegnato a sostenere che il principio di bivalenza valga per ogni affermazione del discorso. Ma sembra assurdo supporre che, in quel fatidico giorno nel quale l'ultima domanda cadrà sotto l'influenza della sua opinione, egli è destinato a diventare un realista. Come può il suo essere un antirealista prevenirlo dal formarsi un'opinione sulla questione?

Chiaramente, l'accettazione del principio di bivalenza per una data area di discorso non è sufficiente per garantire il realismo. Deve essere un'accettazione basata su giuste ragioni. Ma c'è un modo per integrare il principio di bivalenza in modo da essere sicuri che lo si accetti per la giusta ragione? Sono state considerate due proposte (spesso combinate) per integrare il principio di bivalenza – una epistemica e l'altra semantica.

Secondo la proposta epistemica, la nozione di verità che figura nel principio di bivalenza deve essere tale che sia possibile per un'affermazione di un dato discorso essere vera, ma tuttavia inconoscibile – o persino mancare di ogni possibile evidenza in favore della sua verità. Quindi, se una data affermazione fosse vera e tuttavia inconoscibile, allora sembrerebbe fornire una forte ragione per credere che l'affermazione abbia un contenuto realista distinto da ogni area di discorso nel quale può essere inserita.

Ma credo che anche questa plausibile proposta sia soggetta a un controesempio, sebbene di un tipo più sofisticato. Si consideri una semantica nella quale il significato di una proposizione sia dato dalle situazioni probatorie in cui il suo asserimento è giustificato. Il principio guida della semantica è che uno è giustificato ad asserire una proposizione in una data situazione probatoria se e solo se la possibilità della sua giustificazione non è mai preclusa, ovvero, se e solo se per ogni miglioramento nella situazione probatoria c'è un ulteriore miglioramento grazie al quale la sua asserzione sarebbe giustificata[15]. Dovrebbe essere chiaro che la legge del terzo escluso e quindi

---

[15] Si usi "t |= A" per "t legittima A" e "t ≥ s" per "t migliora s" (Assumo che ogni situazione è un miglioramento su se stessa). Formule molecolari nella semantica proposta possono allora essere soggette alle seguenti clausole:
(i) $t \models B \& C$ iff $t \models B$ e $t \models C$
(ii) $t \models B \lor C$ iff $(\forall t^* \geq t)(\exists u \geq t^*)(u \models B \text{ or } u \models C)$

il principio di bivalenza saranno validi, ovvero, saranno garantiti per ogni situazione probatoria[16]. Si consideri un miglioramento in una qualche situazione. Allora o essa giustifica ¬*A* e quindi ha un miglioramento (viz. se stessa) che giustifica (*A* ∨ ¬*A*), oppure ha un miglioramento che giustifica *A* e che dunque giustifica (*A* ∨ ¬*A*). Chiaramente, questa semantica potrebbe essere adottata da un antirealista. E così rimane da mostrare come un antirealista potrebbe essere giustificato nel sostenere che non c'è una possibile evidenza a favore o contro la verità di una data affermazione *A*. Non è chiaro come questo possa essere fatto, poiché ogni situazione probatoria o giustificherà non-*A* oppure permetterà un miglioramento che giustifichi *A*.

Il nostro antirealista, tuttavia, potrebbe lavorare con una nozione "oggettiva" di giustificazione. Potrebbe essere una questione oggettiva – alla quale egli non ha necessariamente un accesso epistemico – quella di dire quali sono le situazioni probatorie e quindi cosa esse giustifichino. Le affermazioni in questione potrebbero riguardare il mondo esterno, per esempio, e le situazioni probatorie potrebbero essere fornite dal corso dell'esperienza che ognuno di noi potrebbe concretamente sperimentare.

Il nostro antirealista potrebbe quindi sostenere che se anche io sono oggettivamente giustificato a credere che McCavity non era qui, sulla scena del crimine, dato che nessuna controprova si *sarebbe* mai presentata, tuttavia io non ho nessuna prova del suo non essere stato qui, dato che non ho le basi per escludere la possibilità di una controprova. Certamente, il nostro antirealista è in qualche misura un realista – dato che è un realista riguardo le oggettive possibilità di esperienza, ma non è un realista circa il mondo esterno, che è quello che è qui in questione.

(iii) $t \models \neg B$ iff $(\forall t^* \geq t)(\text{non-}(t^* \models B))$.
Dato che le formule atomiche *p soddisfano le condizione di non-preclusione*:
(*) $t \models p$ iff $(\forall t^* \geq t)(\exists u \geq t^*)(u \models p)$
allora così anche ogni formula *A*.

16 Dummett (1978, pp. 356-67), ha delle riserve sul fare una transizione dalla legge del terzo escluso al principio di bivalenza, ma non credo che valgano in questo caso.

La seconda strategia è di fornire un'integrazione semantica al principio di bivalenza: non solo il principio di bivalenza deve valere, ma che valga o meno deve essere una questione semantica. Tuttavia, i nostri controesempi precedenti valgono ancora, dato che la validità del principio di bivalenza *è* una questione semantica sotto la semantica antirealista che ho proposto (considerato che c'è un fondamento semantico per applicare la legge del terzo escluso ad affermazioni di giustificazione).

Sembra quindi necessario andare più a fondo nel meccanismo grazie al quale il linguaggio è interpretato. Ma quale potrebbe essere? Una proposta è che noi richiediamo "l'accettazione di una classica semantica a due valori [...] nella sua interezza" (Dummett, 1993, p. 468). Questo richiederebbe non solo il principio di bivalenza, ma l'esclusione dei termini vuoti, le clausole tradizionali per i connettivi, e così via. Il problema ora è che, dato che il nostro antirealista è disposto ad accettare il principio di bivalenza, non è chiaro perché non dovrebbe essere disposto ad accettare il resto della semantica classica – sebbene, certamente, secondo la sua comprensione di come questa vada concepita.

Un'altra proposta è che noi richiediamo che la nostra comprensione del linguaggio debba essere vero-condizionale, tale che la nostra comprensione del significato di un'affermazione debba consistere nella conoscenza delle sue condizioni di verità. Ma sebbene i filosofi usino questa terminologia come se sapessero cosa significhi, non è per nulla chiaro se possa essere spiegata in un modo tale che implichi il realismo e tuttavia non presupponga che le condizioni di verità vadano già concepite in modo realista. Si può, certamente, insistere che la nozione rilevante di verità debba conformarsi al principio di bivalenza o sia trascendente rispetto all'evidenza. Ma questo ci riporterebbe alle difficoltà precedenti.

Credo che quello che ha reso questi vari criteri così attraenti è che è spesso difficile vedere come si possa plausibilmente sostenere che un dato criterio è soddisfatto (o non soddisfatto) e tuttavia essere ancora un realista (o un antirealista). Il realismo sulla matematica, per esempio, è una ragione – e forse l'unica buona ragione – per sostenere che ogni affermazione matematica è vera o falsa e che ci potrebbero essere verità matematiche che sono al di là della nostra comprensione.

Ma si dovrebbe riconoscere che, anche se l'esistenza di una realtà esterna può rendere plausibile che il nostro contatto epistemico e linguistico con quella realtà è di un certo tipo, questo non è quello in cui consiste l'esternalità della realtà. Nel pensare a queste questioni, abbiamo bisogno di tornare a uno stato di innocenza nel quale le affermazioni metafisiche siano considerate rispetto alla questione sotto indagine – sia essa matematica, morale o scientifica – e non rispetto alla nostra relazione con tale questione.

Quindi, si può giustificare una conclusione più vasta. Difatti, abbiamo visto che, sebbene abbiamo impilato le possibili condizioni, non siamo stati in grado di trovare una condizione sufficiente per il fattualismo (né, aggiungerei, per il non fattualismo, non che questo sia un caso che ho considerato). Questo dunque suggerisce che non ci può essere nessuna ragione sufficiente per essere fattuale (o non fattuale) – a parte, certamente, la ragione triviale che la condizione non può essere soddisfatta o per la ragione circolare che una concezione problematica di fattualità sia già stata presupposta.

Se questo è corretto, allora ciò significa che non sarà nemmeno possibile fornire un'adeguata formulazione di ogni particolare posizione fattualista o non fattualista, ovvero, una formulazione che implicherebbe che una posizione sia impegnata verso il fattualismo o l'antifattualismo riguardo al dominio in questione; e l'esame delle attuali formulazioni lo conferma. Si consideri l'espressivismo, per esempio. L'espressivista desidera sostenere che le affermazioni morali sono espressive allo stesso modo di espressioni come "Ahi". Ma, certamente, la semplice affermazione che le affermazioni morali sono espressive non serve a distinguere la sua posizione da quella del realista morale, dato che egli può essere incline a sostenere che le affermazioni morali sono usate sia per esprimere le nostre attitudini morali, che per riferire i fatti morali.

L'espressivista deve quindi sostenere che le affermazioni morali sono *meramente* espressive, che non hanno nessuna altra caratteristica che le possa rendere fattuali. Ora nel caso di "Ahi" possiamo vedere come questo si possa fare, dato che "Ahi" non è usato per dire qualcosa di vero o falso. Ma è su questo punto esatto che le affermazioni morali differiscono da espressioni come "Ahi". Quindi rimane del tutto oscuro cosa ci sia nella posizione dell'espressivista che lo obblighi ad abbracciare la non fattualità del discorso morale; e analogamente per le altre specifiche forme di antifattualismo che abbiamo proposto.

3. Riducibilità

Ci muoviamo ora verso la seconda concezione metafisica di realtà, la concezione di realtà come irriducibile. Questa concezione non può essere migliore della precedente senza la nozione di riduzione alla quale è associata; e dunque possiamo chiederci "Che cosa significa per una proposizione (o affermazione o frase) essere riducibile a un'altra?"

Sono state proposte tre linee di risposta a questa domanda. Secondo la prima, una riduzione è una questione di analisi logica. Dire che una proposizione si riduce a, o è analizzabile nei termini di, un'altra significa dire che esprimono la stessa proposizione, ma che la forma grammaticale della seconda è più vicina alla forma logica della proposizione rispetto alla forma grammaticale della prima[17].

Quindi una riduzione rivela una discrepanza tra la forma grammaticale "apparente" e la "genuina" forma logica della proposizione, e serve a portare le due a un più vicino allineamento. Per prendere un esempio paradigmatico, la proposizione "L'americano medio è altro 5 piedi" sarà ridotta alla proposizione "La somma delle altezze di tutti gli americani divisa per il numero degli americani è 5 piedi", dato che l'ultima ci porta più vicino alla forma logica delle proposizione che è espressa.

Questo approccio soffre di almeno due problemi di dettaglio. Primo, non è in grado di trattare riduzioni da uno a molti. Il filosofo che non crede ai fatti congiuntivi vorrà sostenere che la verità della congiunzione $S \& T$ si riduce alla verità dei suoi congiunti S e T. Ma qui non è una questione di una singola proposizione espres-

---

17 Qualche volta l'enfasi è su una corrispondenza di "fatti" più che di proposizioni.

sa a sinistra e destra. Non è nemmeno in grado di trattare riduzioni uno-a-uno nelle quali la proposizione riducente è solo sufficiente per la proposizione che deve essere ridotta. Per esempio, quando S è vera e T falsa, vorremmo poter dire che la verità della disgiunzione $S \vee T$ si riduce alla verità del disgiunto S. Ma ancora, qui non è espressa un'unica proposizione.

Una seconda difficoltà concerne le riduzioni *de re*. Proprio come ci sono affermazioni modali *de re* che vanno distinte dalle loro controparti *de dicto*, così ci sono riduzioni *de re* che vanno distinte dalle corrispondenti riduzioni *de dicto*. Quindi vorremmo affermare non solo che la proposizione "La coppia Jack e Jill è sposata" è riducibile alla proposizione "Jack è sposato a Jill", ma anche che il soddisfacimento della proposizione aperta "z è sposata" con la coppia Jack e Jill è riducibile al soddisfacimento della proposizione aperta "x è sposato a y" con Jack e Jill. Ma è difficile vedere, secondo questa proposta, come questo possa essere un caso di analisi logica.

Difatti, la proposizione espressa dalla proposizione aperta "z è sposata" con l'assegnazione della coppia alla z è probabilmente la proposizione singolare che la coppia è sposata e la proposizione espressa dalla proposizione aperta "x è sposato a y" con l'assegnazione di Jack alla x e Jill alla y è probabilmente la proposizione singolare che Jack è sposato a Jill; e tuttavia queste due proposizioni dovrebbero essere tenute distinte dato che, senza una nozione a grana fine di identità proposizionale, non sapremmo spiegare come una forma grammaticale può essere più vicina alla genuina forma logica di un'altra[18].

Si potrebbe pensare che è folle esprimere una riduzione delle coppie ai loro membri facendo riferimento alle coppie, dato che non è il punto della riduzione mostrare che le coppie sono una "finzione logica" e che quindi non sono realmente esistenti? Ma questa argomentazione presenta una confusione tra le forme scet-

---

18 Il significato delle riduzioni *de re* non è stato propriamente riconosciuto. Ci rendono in grado di raggiungere un'enorme semplificazione nella formulazione di molte riduzioni e in certi casi – come la teoria dei particolari come fasci – sono essenziali nella comprensione del punto fondamentale della riduzione.

tiche e non scettiche di antirealismo. Che vi sia una finzione logica, nel senso rilevante, non ci impedisce di fare affermazioni *non
filosofiche* sulle coppie, come che tutte le coppie della stanza sono
sposate; e non maggiormente ci impedisce di fare affermazioni filosofiche sulle coppie del tipo espresso dalle riduzioni. Si deve solo considerare che la consistenza richiede che queste affermazioni
debbano, a un certo punto, essere ridotte.[19]

La difficoltà più seria di questo approccio è che si basa su una
concezione problematica di forma logica. Sostenere che una proposizione che riguarda, diciamo, le nazioni esprime la stessa proposizione, o afferma lo stesso fatto, di una proposizione che riguarda gli individui e tuttavia è meno vicina nella sua forma a quella
proposizione o quel fatto, significa già avere una concezione di
forma logica carica di metafisica.

Non c'è nulla al di là di una base metafisica per sostenere questa
posizione. Si potrebbe, certamente, provare a fornire una spiegazione della forma logica in termini metafisicamente neutrali – forse
nei termini di ciò che è richiesto per una spiegazione soddisfacente
delle "condizioni di verità" o di inferenza valida. Ma nella misura in
cui la spiegazione è soddisfacente in questo senso, il suo significato
metafisico sarebbe poco chiaro. Perché la spiegazione più soddisfacente di inferenza valida o delle condizioni di verità dovrebbe avere
una qualche implicazione su quello che il mondo realmente è a parte che è qualcosa che è già richiesto per tale spiegazione?

Secondo il secondo approccio, una riduzione è una questione *semantica*. È considerata come la relazione che vale in virtù del significato delle proposizioni alle quali si applica; e quello che è più distintivo di questa relazione è che, dato che una proposizione si riduce
ad altre, dovrebbe essere possibile acquisire una comprensione della
proposizione ridotta sulla base delle proposizioni alle quali è ridotta.

---

[19] Analogamente, è perfettamente possibile per l'antifattualista etico sostenere che non ci sono genuine proprietà morali nella forma "Per ogni proprietà morale e ogni possibile portatore di quella proprietà il possedere la
proprietà da parte del portatore non è una questione fattuale". Quantifi-
chiamo su tutte le proprietà morali per esprimere l'idea che nessuna di
esse è "reale".

Tale approccio evita le difficoltà precedenti circa le riduzioni da uno a molti e uno-a-uno, dato che non c'è nulla, in generale, che impedisce a una proposizione dall'essere simultaneamente ridotta a diverse proposizioni che insieme forniscono una condizione sufficiente – sebbene forse non necessaria – per la verità della proposizione data[20]. Ma continua ad annaspare con il problema delle riduzioni *de re*. Infatti, laddove *c* è la coppia Jack e Jill, *a* è Jack e *b* è Jill, non c'è connessione semantica tra l'essere una coppia sposata di *c* e il fatto che *a* è sposato a *b*[21], dato che non c'è nessun elemento semantico che indichi che *a* e *b* sono gli individui che compongono *c*. C'è, ovviamente, un'implicazione semantica dal fatto che *a* è sposato a *b* all'essere una coppia sposata di *a-e-b*. Ma questo non è ciò che stiamo cercando, dato che vogliamo un riferimento diretto alla coppia *c* sulla destra e non un riferimento indiretto, attraverso i componenti *a* e *b*.

O ancora, può essere una verità analitica che per ogni coppia *c* ci sono individui *a* e *b* che compongono *c* e sono tali che l'essere sposata di *c* si riduce al fatto che *a* è sposato con *b*. Ma questa è un'affermazione generale che non spiega cosa significa per una riduzione valere in un particolare contesto. Potremmo anche notare che la formulazione generale della riduzione in tali casi non è sempre una verità analitica. Poiché possiamo voler dire che, per ogni quantità *q* di acqua, ci sono molecole H2O m_1, m_2... tali che l'esistenza di *q* a un certo tempo si riduce all'esistenza di m_1, m_2... a quel tempo; e questa generalizzazione non è *a priori* e quindi presumibilmente non è analitica. Quindi non è nemmeno il caso che riduzioni particolari possano sempre avere un sostegno semantico.

Né è chiaro se l'esistenza di un'analisi fornisce una ragione *sufficiente* per la riducibilità nel senso metafisico. Poiché ci si conceda che per qualcuno essere scapolo è la congiunzione di essere un

---

[20] Dummett propone una tale concezione (1993, pp. 56-7).

[21] O in termini più linguistici, tra il soddisfacimento della condizione "*z* è sposata con *c*" e il soddisfacimento della condizione "*x* è sposato a *y*" con *a* e *b*.

uomo ed essere non sposato. Siamo dunque obbligati a dire che il fatto che qualcuno è scapolo *si riduce* al fatto che egli è un uomo e non è sposato e che quindi l'essere uno scapolo non è un fatto reale? Forse no. Infatti potremmo credere che esistono attributi complessi nel mondo e che la loro attribuzione non può, per questa ragione, essere ridotta all'attribuzione degli attributi più semplici dei quali sono composti. Dunque anche se possiamo spiegare la loro identità nei termini degli attributi più semplici, non possiamo spiegare riduttivamente la loro attribuzioni in quei termini.

La lezione da imparare dalle precedenti critiche è, credo, che una riduzione debba essere costruita come una relazione metafisica piuttosto che linguistica o semantica. Nel fare affermazioni di riduzione, noi vorremmo parlare, non delle nostre rappresentazioni dei fatti, ma dei fatti stessi. Quindi nell'affermare che due nazioni sono in guerra si riduce a una attività militare così-e-così da parte dei loro cittadini, non stiamo affermando nulla sul nostro linguaggio per descrivere le nazioni e i cittadini, o circa la nostra concezione di nazione e cittadino, ma circa le nazioni stesse e i cittadini stessi e la connessione tra di loro. Ancora, abbiamo bisogno di tornare in uno stato di innocenza metafisica nel quale una riduzione riguarda l'oggetto stesso e non i termini grazie ai quali può essere rappresentato o concettualizzato.

Secondo il terzo, e più recente approccio, una riduzione è una questione *modale*. Una classe di proposizioni *si ridurrà a* – o *sopravvrrà a* – un'altra se, necessariamente, ogni verità dell'una è implicata dalle verità dell'altra[22].

Questo approccio evita le precedenti difficoltà sulla possibilità delle riduzioni *de re*, dato che le proposizioni stesse possono essere *de re*, ma soffre di alcune difficoltà proprie. Da un lato, deve affrontare il precedente problema della "classe di riferimento", perché se una proposizione è riducibile ad altre dipenderà dalla classe di pro-

---

[22] Tra i difensori di questo approccio ci sono Armstrong (1997, p. 12), Chalmers (1996, p. 48) e Jackson (1998, p. 5). Molti filosofi, dovrei notare, non considerano la sopravvenienza come una nozione che catturi una nozione significativa di riduzione.

posizione con le quali è associata. Non sarà nemmeno propriamente applicabile ai domini necessari, come la matematica, dato che è un fatto triviale che una verità necessaria è sempre implicata da qualsiasi proposizione.

Ma anche se limitiamo la sua applicazione ai domini contingenti, ci sono altri due problemi per questo approccio. In primo luogo, non è in grado di catturare l'idea che la verità di una proposizione debba ridursi a qualcosa di più elementare. La velocità a un istante, per esempio, sopravviene sulla velocità lungo un intervallo e viceversa, e tuttavia non possiamo dire, senza circolarità, che l'una si riduce all'altra. Né aiuta insistere che la sopravvenienza è in un'unica direzione.

Si supponga che ci siano tre parametri e che il valore di ogni parametro sopravvenga in un'unica direzione sul valore degli altri due ma non sul valore di uno di essi da solo. Allora il valore di ogni parametro sopravverrà in un'unica direzione sul valore degli altri, e tuttavia non possiamo dire, senza circolarità, che il valore di ogni parametro è riducibile al valore degli altri. Come esempio particolare, potremmo considerare che i parametri siano la massa, il volume e la densità di un corpo dato[23].

Infine, questo approccio non è più in grado del primo di catturare il contenuto antirealista delle affermazioni di riduzione. Perché nella misura in cui una riduzione è considerata come un avvicinamento a ciò che è reale, vorremmo poter negare la realtà di ogni fatto che si riduce a qualcos'altro. Ma allora come potrebbe la semplice esistenza di certe connessioni modali tra una classe di proposizioni e un'altra essere in grado di stabilire l'irrealtà (o la realtà) dei fatti di ciascuna classe?

Quindi, si può giustificare una conclusione più vasta, come nel caso della fattualità. Poiché è difficile vedere come ci potrebbe essere *una qualche* condizione sufficiente affinché una proposizione sia riducibile ad un'altra (eccetto i casi triviali e circolari). Perché qualsiasi condizione sufficiente possa essere fornita, il suo soddisfacimento

---

23 Per una discussione ulteriore di questi punti, si veda Kim (1993, pp. 144-46), e i riferimenti lì contenuti.

sembrerebbe compatibile con l'adozione di una vera e propria posizione realista, che consideri ogni fatto come reale, e quindi compatibile con il rigetto di ogni affermazione di riduzione[24].

4. La sfida quietista

Vediamo dalla discussione precedente che le prospettive di definire le nozioni di fattualità e riducibilità in termini fondamentali, o persino quelle di fornire delle condizioni sufficienti per la loro applicazione che non siano concettualmente problematiche, non sembrano buone. Sebbene siamo arrivati a questa conclusione negativa come risultato di un'analisi dettagliata, tale conclusione poteva forse essere anticipata dall'inizio.

Eravamo infatti alla ricerca di un antirealismo che non fosse scettico, in contraddizione con l'opinione ordinaria. Ora, presumibilmente non c'è nulla di speciale circa l'avere ricevuto una tale opinione a riguardo. Nella misura in cui una posizione antirealista è indipendente da tale opinione, essa dovrebbe essere indipendente da tutte le opinioni simili, siano esse ordinarie o meno. Quindi, centrale alla nostra comprensione di antirealismo è la distinzione tra quelle che potremmo chiamare proposizioni del primo ordine, che semplicemente dicono come le cose sono senza riguardo per il loro status metafisico, e le corrispondenti proposizioni del secondo ordine, che semplicemente commentano sullo status metafisico delle prime.

Quello che garantirebbe dunque la possibilità di una forma non scettica di antirealismo è la *generale* indipendenza delle proposizioni del secondo ordine, in questo senso, dalle proposizioni del primo ordine con le quali hanno a che fare. Così, nella misura in cui il criterio di fattualità e riducibilità è affermato in proposizioni del primo ordine, la sua inadeguatezza seguirà semplicemente da questa forma generale di indipendenza[25]. Lo scetticismo ha una

---

24 Dovremmo, in ogni caso, notare un'asimmetria nei due casi. Perché anche se non ci potrebbe essere nessuna garanzia di non fattualità, ci sarà una garanzia di non riducibilità. Poiché se R è riducibile a S allora S implicherà necessariamente R e così la possibile verità di S e $\neg R$ (un puro fatto modale) garantirà che R non è riducibile a S.

25 Ronald Dworkin mi ha evidenziato come si possa considerare che la morali-

lunga mano; e se vogliamo fuggire del tutto alla sua presa, dobbiamo adottare dottrine di nonfattualismo o riducibilità che siano libere da ogni fardello del primo ordine. Questi risultati sembrano tuttavia essere molto inquietanti. Poiché se la fattualità o la riducibilità non possono essere compresi in ordinari termini del primo ordine, allora come le si deve comprendere? Come diamo senso all'idea che dietro ogni presunto fatto c'è o non c'è qualcosa di reale nel mondo al quale corrisponde? I risultati sembrano particolarmente inquietanti nel caso della fattualità. Difatti, non c'è alcuna distinzione del primo ordine tra proposizioni fattuali e non fattuali. Le proposizioni non fattuali avranno la natura di impostori – con tutte le caratteristiche della fattualità ma niente della sostanza.

Saranno come "zombie" che mostrano tutti i segni esteriori di coscienza senza essere essi stessi coscienti. Ma allora come possiamo distinguerle? Almeno nel caso degli zombie, possiamo forse dire sulla base della nostra esperienza cosa significa essere coscienti. Ma in questo caso, non sembrerebbe esserci un punto speciale dal quale tracciare una distinzione tra ciò che è reale e ciò che è solamente un'"ombra" provocata dal nostro linguaggio o pensiero. Non si può fare un passo indietro rispetto ai fatti presunti per sapere cosa realmente è là fuori.

Sono considerazioni come queste che hanno condotto diversi filosofi dei nostri giorni – i "quietisti" – a concludere che le nozioni metafisiche di fattualità e riducibilità sono prive di contenuto[26]. E, certamente, una volta abbandonate queste nozioni, se ne va anche l'impresa metafisica associata a loro. La filosofia, secondo questo modo di pensare, dovrebbe abbandonare la sua pretesa di presentar-

tà del primo ordine contenga l'affermazione che se non ci sono fatti morali allora va bene tutto (o qualche altra simile conclusione morale) e, dato ciò, l'affermazione del secondo ordine che non ci sono fatti morali non sarebbe indipendente dalla moralità. Tuttavia, per gli scopi presenti, non considererei il condizionale precedente come strettamente del primo ordine.

26 Tra di loro ci sono Blackburn (1992, pp. 7, 34, 168 e 1998, p. 319); Dworkin (1996); Fine (1984, pp. 97-100); Putnam (1987, p. 19). Altri filosofi, come Rosen (1994), hanno flirtato con il quietismo senza davvero sposarlo.

ci un visione di ordine più elevato di come il mondo realmente è. O piuttosto, se c'è una possibile visione, è che tale visione non esiste. Tuttavia, nonostante tale conclusione possa essere seducente, non è garantita dall'evidenza. Poiché la difficoltà nel definire tali nozioni potrebbe derivare, non dalla loro mancanza di contenuto, ma dal loro carattere distintivo. Quindi, è difficile mettere da parte l'impressione che, una volta analizzati i diversi tentativi di definizione, abbiamo, nella concezione di realtà come oggettiva o fondamentale, un'idea specificatamente metafisica. Da questo punto di vista, il tentativo di definire queste nozioni in altri termini sarebbe simile a una fallacia naturalistica; e proprio come sarebbe sbagliato inferire l'inintelligibilità delle nozioni normative dalla difficoltà di definirle in termini naturalistici, così sarebbe uno sbaglio, in questo caso, inferire l'inintelligibilità delle nozioni di fattualità e riducibilità dalla difficoltà di definirle in termini non metafisici.

Certo, un quietista può avere una generale ostilità nei confronti dei concetti metafisici, ma egli, tra tutti i filosofi, non è in una buona posizione per giustificare questa ostilità di principio. Poiché la ragione tradizionale per rigettare l'intelligibilità di un'intera sfera di concetti è che non possano essere resi intelligibili all'interno di una certa visione del mondo – che, per esempio, considera reale solo il fisico o lo psicologico. Ora si potrebbe provare a motivare il rigetto dei concetti metafisici adottando una visione del mondo che considera reali solo i fatti del primo ordine – come sono dati in etica, matematica o nella scienza. Ma l'adozione di questa prospettiva già presuppone l'intelligibilità del concetto metafisico di realtà. Quindi qui c'è un pericolo reale che la posizione quietista estrometta come inintelligibile l'unico terreno che la renderebbe possibile.

C'è anche una forte evidenza intuitiva a favore dell'intelligibilità; dato che il fatto che una nozione sembra avere senso è *prima facie* una forte evidenza che abbia davvero senso. Quindi, l'indispensabilità delle nozioni per formulare alcune questioni metafisiche sembrerebbe rendere innegabile la loro intelligibilità.

Si consideri la questione che divide il "teorico A" dal "teorico B" sul fatto che la realtà temporale sia o meno intrinsecamente *ten-*

sed[27]. Questa è una questione che non può essere resa intellegibile senza invocare la nozione metafisica di "fatto". Difatti, il teorico A vuole affermare, e il teorico B negare, che ci sono fatti *tensed* nel mondo; e solo la nozione metafisica di "fatto" piuttosto che quella ordinaria può rappresentare quello che è qui in questione.

Potrei anche notare che appellarsi a un punto fisso archimedeo è quasi irresistibile in questo contesto. Poiché il teorico B vorrà adottare un punto fisso archimedeo nel quale la realtà temporale è descritta *sub specie aeternitatis*, mentre il teorico A negherà che ci sia un tale punto fisso. Garantita la legittimità della questione, dovremmo garantire l'intelligibilità della nozione e della metafora rispetto a questo particolare caso. Ma se vale in un caso particolare, allora perché non può valere anche in generale?

Ma anche se l'accusa di inintelligibilità non può essere ragionevolmente difesa, c'è un'altra obiezione moderata che può essere ed è ugualmente devastante nelle sue implicazioni per l'indagine metafisica[28]. Il quietismo ha un orientamento metodologico piuttosto che concettuale. L'accusa non è che non ci sono nozioni sensate di fattualità e riducibilità, ma che non c'è alcun modo di dire cosa è fattuale e cosa non lo è e cosa si può o non si può ridurre a cosa[29].

Dato che le proposizioni non fattuali hanno la natura di impostori, come possiamo dividerle dalle cose reali? E dato che le riduzioni hanno un valore antirealista, come possiamo stabilire che una qualche proposta connessione tra due proposizioni avrà tale valore? I giudizi sulla fattualità e sulla riducibilità sembrerebbero

---

[27] Qui il termine *tensed* indica generalmente una concezione del tempo come scandito in passato, presente e futuro. Ho deciso di non tradurre questo termine, perché fa parte del linguaggio tecnico di questo dibattito. Si potrebbe rendere con "tensionale", ma credo sia meglio lasciare la parola inglese. [N.d.T.]

[28] Rorty (1979, p. 311), è un autore che ha sposato una forma più moderata di quietismo.

[29] È una stranezza nella critica dei positivisti logici alla metafisica che queste due accuse fossero legate. Poiché se non c'è modo di porre questioni metafisiche, allora perché dovremmo preoccuparci se abbiano o meno senso?

essere metafisici solo nel senso peggiorativo di galleggiare liberi da ogni considerazione che potrebbe affermare o meno la loro verità.

Il quietista metodologico può forse concedere che c'è una presupposizione generale sul fatto che una proposizione sia fattuale. Potrebbe anche concedere che sembriamo avere un preconcetto metafisico contro l'essere fattuale di alcune proposizioni – per esempio, quelle che riguardano questioni di gusto; e potrebbe essere incline a garantire la plausibilità di alcuni giudizi condizionali, come "Se è una questione fattuale se *P* allora è fattuale se non-*P*" oppure "Se è una questione fattuale se la neve è bianca, allora è fattuale se l'erba è verde". Ma sarà completamente d'accordo sul fatto che queste considerazioni non ci portano lontano. Quelle di cui si ha bisogno sono considerazione dettagliate a favore o contro una data visione realista; e quello che non è chiaro è quale siano queste considerazioni.

Certo, la letteratura filosofica sembra essere piena di argomenti a favore o contro questa o quella forma di realismo. Si è spesso sostenuto, per esempio, che per l'antifattualista sulla matematica è più facile spiegare la possibilità della conoscenza matematica, dato che il fattualista incontra il problema di spiegare come possiamo essere in un contatto appropriato con un reame esterno di fatti matematici; e si è spesso pensato essere un vantaggio della posizione espressivista in etica il fatto che possa spiegare il ruolo motivazionale delle credenze morali. Ma tutti questi argomenti, nella misura in cui sono concepiti per sostenere la questione non scettica, sembrerebbero soggetti a una critica devastante.

Poiché non è chiaro come essi virino verso l'adottare una concezione metafisica di realtà, in opposizione a quella ordinaria, e quindi perché essi stabiliscano una forma non scettica di antirealismo, in opposizione a quella scettica. Quindi anche se impieghiamo la debole, ordinaria nozione di fatto, sembrerebbe essere un problema quello di spiegare come possiamo avere una conoscenza dei fatti matematici; e rimane poco chiaro se questo problema divenga più grande se sostituiamo la robusta nozione metafisica con quella più debole e ordinaria. O ancora, non è chiaro cosa significa credere nei *fatti morali* (la cosa reale) in opposizione a credere nei fatti morali (la cosa ordinaria) rendendo meno plausibile supporre che i fatti morali siano un tipo di attitudine.

Questo, credo, è il vero serio problema sollevato dal quietismo. Non è che la nozione di fattualità è senza senso, ma che è inutile; e la metafisica realista dovrebbe essere abbandonata, non perché le sue domande non possono essere poste, ma perché le risposte non possono essere trovate. Il mondo reale al quale il metafisico vuole arrivare è il mondo noumenico di Kant, un qualcosa-non-sappiamo-cosa, e nessun progresso è stato fatto nella ricerca della sua costituzione. Potremmo aggiungere che se il problema metodologico potesse essere risolto, quello concettuale perderebbe molto del suo mordente. Poiché come potremmo dubitare seriamente dell'intelligibilità di un dato discorso, quando il suo utilizzo nella risoluzione di dibattiti non è in questione?

Quello che voglio fare nella restante parte dell'articolo è mostrare come queste preoccupazioni possano essere affrontate. Voglio rendere chiaro il ruolo dei concetti di fattualità e riducibilità nelle dispute realiste, e quindi come possiamo progredire nello strutturare tali dispute. Dunque non è un mio scopo quello di difendere la coerenza di questi concetti.

Infatti, al fine di dismettere dei dubbi metodologici, è meglio buttare al vento la cautela concettuale e vedere se modelli o metafore possano aiutarci a capire come questi concetti debbano essere usati. Né è un mio scopo quello di mostrare come potremmo impostare *concretamente* le dispute realiste. Dopo tutto, questo non è qualcosa del quale ci consideriamo normalmente in grado persino nelle meno problematiche aree della filosofia. Piuttosto voglio mostrare come potremmo procedere. Abbiamo bisogno di sapere cosa significherebbe impostare queste dispute, anche se non ci fosse alcuna garanzia di impostarle in alcun caso concreto.

La maggior parte degli anti-quietisti ha provato a calmare le preoccupazioni quietiste fornendo criteri per la fattualità e la riducibilità grazie ai quali le questioni sul realismo potessero essere poste. Una questione è stata semplicemente sostituita con un'altra. La nostra strategia per affrontare il quietista è molto diversa. Proviamo a vedere come le questioni del realismo si declinano in altre questioni più trattabili, senza presupporre che esse debbano essere rese intelligibili nei termini di quelle questioni.

Non ci impegniamo quindi verso la posizione che i concetti metafisici *non possano* essere definiti in termini fondamentalmente diversi. Ma chiaramente, nella misura in cui possiamo restare neutrali rispetto a questa questione, la nostra difesa della metafisica realista sarà probabilmente meno contenziosa, e diminuiremo il pericolo, verso cui tutta la filosofia è prona, di rendere chiara una questione solo rappresentando erroneamente quello che realmente è.

5. Ground

Le questioni metafisiche del realismo devono essere trasformate in altre questioni dalla natura meno problematica. Ma quali sono queste questioni? Suggerisco che esse riguardino relazioni di *ground* e quindi, prima di procedere oltre, cerchiamo di spiegare quale esse siano.

Raccomando che un'affermazione di *ground* sia formulata nella seguente forma canonica:

Si dà il caso che *S* consiste in niente di più che il fatto che si dia il caso che *T*, *U*...

dove *S*, *T*, *U*... sono proposizioni particolari. Come esempio specifico di tali affermazioni, abbiamo:

Si dà il caso che la coppia Jack e Jill sia sposata consiste in niente di più che il fatto che si dia il caso che Jack è sposato a Jill.

Si dà il caso che la Gran Bretagna e la Germania erano in guerra nel 1940 consiste in niente di più che il fatto che...,

dove "..." è una descrizione completa delle attività di guerra dei vari individui.

In tali casi, diciamo che le proposizioni sulla destra *fondano collettivamente* (*collectively ground*) la proposizione sulla sinistra e che ognuna di loro *fonda parzialmente* (*partly grounds*) quella proposizione. Assumo generalmente che la proposizione fondante e i suoi fondamenti siano veri, sebbene uno possa anche parlare di *ground* nel caso in cui le proposizioni fondanti *fonderebbero* la proposizione fondata nel caso *fossero* vere.

La nozione di *ground* deve essere distinta da quella di riduzione. Un'affermazione di riduzione implica la non realtà di quello che è ridotto, ma un'affermazione di *ground* non lo implica. Quindi nel dire che il fatto che P & Q si riduce al fatto che P e al fatto che Q, stiamo indicando che il fatto congiunto non è reale; ma nel dire che il fatto che P & Q è fondato nel, o consiste nel, fatto che P e nel fatto che Q, non intendiamo niente di simile. Stiamo adottando una posizione metafisicamente neutrale riguardo al fatto che esistano fatti congiunti (o verità congiunte).

Quindi la nostra posizione è che è sensato anche per un realista sui fatti congiunti essere incline a concedere che il fatto che P & Q consiste nel fatto che P e nel fatto che Q; questa è una posizione che può essere adottata sia dal realista che dall'antirealista[30].

La nozione di *ground*, come quella di riduzione, deve essere distinta dall'analisi logica. Infatti, il paradigma dell'analisi logica ("l'americano medio") non è per noi un caso di *ground*, dato che le proposizioni espresse su entrambi i lati dell'analisi sono presumibilmente le stesse e tuttavia nessuna proposizione può essere propriamente presa come fondamento di se stessa. Per noi, la potenziale sviante apparenza superficiale della grammatica è del tutto irrilevante per le questioni di *ground*, dato che stiamo cercando le proposizioni espresse dalle frasi piuttosto che le frasi stesse.

Quindi distinguiamo tra la questione essenzialmente linguistica di determinare quale proposizione è espressa da una data frase (se, per esempio, un termine è un'espressione che si riferisce genuinamente a qualcosa) e la questione essenzialmente metafisica di determinare cosa fonda cosa.

Consideriamo la nozione di *ground* come una relazione esplicativa: se la verità che P è fondata in altre verità, allora queste spiegano la sua verità; il caso che P vale in virtù del caso che si diano

---

30 Qualche filosofo ha pensato alla sopravvenienza come una controparte metafisicamente neutrale alla nozione di riduzione, e in questo senso, almeno, quello che hanno in mente corrisponde alla nostra nozione di *ground*.

le altre verità. Ci sono, certamente, molte altre connessioni esplicative tra le verità. Ma la relazione di *ground* ne è distinta essendo la connessione più aderente tra di esse. Dunque quando la verità di *P* spiega causalmente la verità di *Q*, sosteniamo che la verità di *Q* consiste in qualcosa di più (o altro) che la verità di *P*. O ancora, il fatto che qualcuno ha rotto una promessa può "normativamente" spiegare il suo aver fatto qualcosa di sbagliato, ma è tuttavia compatibile con il fatto che il suo comportarsi male consista in qualcosa di più che l'aver rotto la promessa.

Non c'è, tuttavia, alcuna connessione esplicativa che sta al *ground* come il *ground* sta a queste altre forme di spiegazione. È la forma definitiva di spiegazione; ed è forse per questa ragione che non siamo inclini a pensare alla verità di una proposizione fondata come un *fatto ulteriore* al di sopra dei suoi fondamenti, anche se può essere distinta dai suoi fondamenti e possa essa stessa essere un fatto[31].

Nonostante abbiamo parlato della verità di una proposizione come fondata nella verità di altre, questo non è strettamente necessario. Poiché potremmo esprimere affermazioni di *ground* nella forma "*S* perché *U*, *T*...", nella misura in cui il "perché" è considerato in senso adeguatamente forte, e quindi evitare tutti i riferimenti alle proposizioni o ai fatti o al concetto di verità.

La parola *ground* sarebbe, in effetti, un operatore proposizionale, allo stesso modo di "se-allora" o "a meno che"[32]. Il punto è di qualche interesse filosofico, dato che mostra che non c'è bisogno di supporre che il fondamento è un qualche fatto o entità nel mondo o che la nozioni di *ground* è indistricabilmente connessa con il concetto di verità. Le questioni di *ground*, nelle quali la questione realista si è trasformata, non hanno bisogno di essere considerate in rapporto alla nozione di verità o all'ontologia dei fatti.

---

[31] Dovrei notare che non considero tutti i giudizi di *ground* come a priori. Quindi l'investigazione filosofica della realtà dovrebbe basarsi solo su quei giudizi che sono a priori o a cui si possa dare qualche tipo di sostegno a priori.

[32] Difendo una posizione simile per quel che riguarda la nozione di fattualità e irriducibilità.

6. Impostare le questioni sulla fattualità

In questa sezione e nella prossima esaminiamo come le questioni del fattualismo possano essere impostate sulla base di considerazioni di *ground*. Il nostro approccio è in un qualche modo indiretto. Cominciamo con il presentare un argomento astratto circa il fatto che ogni mancanza ragionevole di accordo sullo status fattuale di una data proposizione porterà a un disaccordo circa cosa fonda cosa; e quindi tentiamo di mostrare come le conseguenti questioni di *ground* possano essere risolte. Si vedrà che queste ultime questioni si trasformeranno nella questione se è il fattualista o l'antifattualista quello che è in grado di fornire una spiegazione migliore della nostra "pratica".

Abbiamo suggerito che non ci sono garanzie concettuali sul fattualismo o sull'antifattualismo sulla base di considerazioni essenzialmente diverse, e così per tentare di mostrare le possibili differenze tra il fattualista e l'antifattualista, sarà necessario appellarci a un certo punto a ciò che è plausibile piuttosto che a ciò che è richiesto concettualmente. Supponiamo quindi che due filosofi abbiano diverse opinioni sullo status fattuale di una data proposizione. Desideriamo quindi mostrare che la loro mancanza d'accordo, nella misura in cui le due posizioni siano esse stesse plausibili, porterà a un disaccordo su una qualche questione di *ground*.

Possiamo illustrare l'idea dietro al nostro argomento con la proposizione che l'aborto è sbagliato. Sebbene il non fattualista considererà tale proposizione come non fattuale, sarà presumibilmente d'accordo con il fattualista sulla fattualità della proposizione che ciò-e-ciò detto quell'aborto è sbagliato. Tuttavia, mentre l'antifattualista desidererà dire in cosa consista la verità di quella proposizione senza riferimento all'immoralità dell'aborto, il fattualista sosterrà che una tale spiegazione non esiste. Quindi essi saranno in disaccordo su quello che può fondare questa ulteriore proposizione.

Proviamo ora a esporre l'argomento nella sua forma generale. Procederà in fasi; e, a ogni fase, renderò esplicite le possibili assunzioni problematiche che vengono utilizzate. Articolare queste assunzioni aiuterà a chiarire lo "spazio dialettico" o logico nel quale le questioni sulla fattualità possono essere risolte; e una volta completata l'esposizione dell'argomento, proveremo a mostrare come queste assunzioni sono infatti difendibili.

Fase 1. Sia P una proposizione vera sul cui status fattuale il fattualista e l'antifattualista sono in disaccordo[33]. Diciamo che una proposizione è *elementare* se non è fondata da altre proposizioni. Chiediamo ora al fattualista, "È la proposizione data P elementare?" Se risponde "Sì", possiamo passare alla seconda fase. Se risponde "No", possiamo chiedergli, "Quali proposizioni elementari fondano collettivamente la proposizione P?"

Garantito che

(a) ogni proposizione fattuale non elementare è fondata da proposizione elementari

ci sarà una qualche proposizione elementare che fonda P; e così supponiamo che siano Q, R, S...

Se l'antifattualista negasse che queste proposizione fondano P, allora avremmo già un disaccordo sul fondamento. Così supponiamo che sia d'accordo sul fatto che fondano P. Quindi dovrebbe concepire una di esse, diciamo Q, come non fattuale dato che

(b) nessuna proposizione non fattuale ha un fondamento che consiste completamente di proposizioni fattuali.

Il fattualista, d'altra parte, le considererà tutte fattuali, dato che

(c) nessuna proposizione fattuale è fondata parzialmente da una proposizione non fattuale.

Quindi i due filosofi saranno in disaccordo sullo status della proposizione Q; e possiamo sostituire la presente proposizione Q al posto di P e procedere alla fase successiva.

Fase 2. I nostri fattualista e antifattualista differiranno circa lo status fattuale della proposizione P, che il fattualista considera elementare. Dato che l'antifattualista considera la proposizione P

---

33 Per semplicità, assumiamo che P e il suo successore $P+$ siano veri, sebbene tutto quello che è strettamente richiesto per l'argomento è che siano possibilmente veri.

come non fattuale, deve ammettere che almeno uno dei suoi costituenti non sia fattuale[34], dato che

(d) ogni proposizione non fattuale conterrà un costituente non fattuale.

Quindi nel caso della proposizione che l'aborto è sbagliato, il costituente non fattuale sarebbe presumibilmente l'attributo *sbagliato*. Siano *C, D*... costituenti della proposizione che l'antifattualista considera non fattuale. È ora concepibile che il nostro fattualista possa considerare alcuni dei costituenti *C, D*... come non fattuali nonostante creda che la proposizione data sia fattuale. Ma ogni plausibile posizione fattualista e antifattualista saranno sicuramente d'accordo sul fatto che la proposizione data *sarebbe* non fattuale *se* l'attributo *sbagliato* fosse non fattuale. Ma dato che il fattualista sostiene che la proposizione data è fattuale, e dato che è d'accordo con l'antifattualista che i costituenti *C, D*..., se non fattuali, renderebbero la proposizione non fattuale, deve considerare uno di questi costituenti come fattuale.

FASE 3. I nostri fattualista e antifattualista sono in disaccordo sullo status fattuale di un qualche componente, diciamo *C*, della proposizione *P*. Diciamo che tale proposizione contiene *essenzialmente* un dato costituente se la sua sostituzione con un altro costituente indurrebbe un cambio nel valore di verità. Quindi Socrate è un costituente essenziale nella proposizione Socrate è un filosofo sebbene non lo sia nella proposizione Socrate è identico a se stesso. Ora ogni plausibile posizione antifattualista sosterrà che

(e) ogni costituente non fattuale *C* è essenzialmente contenuto in qualche proposizione fattuale vera *P⁺*.

Nel caso dell'antifattualista etico, *P⁺* potrebbe essere la proposizione che ciò-e-ciò detto l'aborto è sbagliato (o attribuire *sbagliatez-*

---

[34] Intuitivamente, un costituente non fattuale è tale che può essere una fonte di non fattualità per la proposizione alla quale appartiene. Forse la fattualità dei costituenti può essere definita nei termini di una fattualità proposizionale nel seguente modo. Si può associare con ogni costituente *c la classe di proposizioni Pc nella quale c ha il suo impiego primario. Un costituente c è* allora non fattuale se e solo se ogni proposizione *Pc* è non fattuale.

za all'aborto) o la proposizione che la parola "sbagliato" si riferisce alla *sbagliatezza*. Il fattualista, inoltre, è plausibilmente d'accordo con l'antifattualista su questa questione. Non c'è bisogno di disaccordo circa il fatto che la proposizione contiene essenzialmente il dato costituente o la sua verità; e il fattualista sembrerebbe avere ancora meno ragioni dell'antifattualista per considerare la proposizione P^+ come non fattuale. Infatti, si supponga che solo gli altri costituenti nella proposizione, eccetto C, sono quelli su cui sono d'accordo circa il fatto che sono fattuali. Allora la proposizione P^+, per il fattualista, conterrà solo costituenti fattuali e deve quindi essere fattuale.

FASE 4. I nostri fattualista e antifattualista sono d'accordo sulla fattualità della proposizione P^+ e comunque in disaccordo sullo status fattuale di un suo costituente C. Diciamo che una proposizione è *imperfettamente fattuale* se è fattuale ma contiene un costituente non fattuale e che è *perfettamente fattuale* se è fattuale e contiene solo costituenti fattuali. Quindi la proposizione P^+, per l'antifattualista, è imperfettamente fattuale. Ma allora egli crederà che ha un fondamento perfettamente fattuale, ovvero, che consiste di proposizioni perfettamente fattuali, dato che

(f) ogni proposizione imperfettamente fattuale vera ha un fondamento perfettamente fattuale.

Il fattualista, d'altro canto, crederà plausibilmente che la proposizione non avrà un fondamento le cui proposizioni non contengano il costituente C, dato che

(g) qualora un costituente occorre in una proposizione fattuale elementare vera e occorre essenzialmente in qualche proposizione fattuale vera, allora ogni fondamento per quest'ultima proposizione deve contenere il costituente.

Quindi il nostro antifattualista sosterrà che esiste qualche fondamento – R, S, T... – per P^+ che non contiene il costituente C, mentre il fattualista negherà che R, S, T... sia un fondamento per P^+. Il disaccordo su una questione di *ground* è quindi assicurato. Cerchiamo ora di difendere le assunzioni (a)-(g) dalle quali dipende l'argomento. Riguardo a ciò, è importante tenere a mente che il nostro argomento non è infallibile (e quindi nemmeno a prova di filosofo). Non abbiamo tentato di mostrare che ogni posizione fattualista e antifattualista su una data proposizione condurrà, su un terreno solo concettuale, a un disaccordo su questioni di *ground*, ma solo che ogni *plausibile* posizione fattualista e antifattualista condurrà a tale disaccordo.

Infatti, se un fattualista, diciamo, fosse concettualmente disposto ad accettare qualche affermazione *S* di *ground* che l'antifattualista non accetterebbe, allora non-*S* implicherebbe che la proposizione data non era fattuale senza implicare anche che era fattuale e così la posizione circa l'"indipendenza" della metafisica realista non potrebbe più essere difesa.

Dunque ci sono certi punti nell'argomento dove dobbiamo appellarci a quello che è plausibile accettare in un dato caso per il fattualista o l'antifattualista piuttosto che quello che sono disposti ad accettare. Dovrei anche notare che anche se la mia specifica linea argomentativa dovesse fallire, ce ne possono essere altre che invece avrebbero successo.

L'assunzione (a), che il non elementare è fondato dall'elementare, è controversa ma anche indispensabile. Poiché, come diverrà chiaro, tale assunzione varrebbe sostituendo "fondamentale" (o "irriducibile") al posto di "elementare", anche nella presenza di un regresso all'infinito di fondamenti[35]. La verità di (b), che il fattuale può fondare solo il fattuale, sembra chiara. Poiché come può la verità di una proposizione non fattuale consistere completamente della verità di proposizioni fattuali? Questo non sarebbe sufficiente per rendere tale proposizione fattuale? Certo, questo non significa eliminare i sensi di "fondamento" e "dipendenza" per i quali il non fattuale potrebbe essere fondato nel, o dipendere dal, fattuale.

Quindi persino un espressivista sarebbe d'accordo che la verità di ogni affermazione morale è fondata "normativamente" nella verità di certe affermazioni naturalistiche. Ma questo non è il senso rilevante di fondamento; non si è affermato che la verità delle affer-

---

35   Diventa quindi meno chiaro se il fattualista abbia bisogno di considerare il costituente *C come "ineliminabile" nella fase 4. Ma come vedremo, gli unici casi plausibili in cui* è eliminabile sono quelli in cui abbandona i costituenti che il fattualista e l'antifattualista riconoscono come equivalenti, nel loro status fattuale, al costituente dato.

mazioni morali *non consiste in altro che* la verità delle affermazioni naturalistiche. Infatti, quest'ultima posizione ci impegnerebbe verso una forma di naturalismo e quindi al negare che le affermazioni morali e naturalistiche differiscano nel loro status fattuale[36]. Anche la verità di (c), che il non fattuale non può fondare parzialmente il fattuale, sembra essere chiara. Poiché come può la verità di qualcosa di fattuale consistere parzialmente in qualcosa di non fattuale? Non sarebbe questo abbastanza per rendere la proposizione non fattuale?

Un possibile controesempio alla congiunzione di (b) e (c) è la disgiunzione P di una verità fattuale P_1 e di una verità non fattuale P_2. Perché dato che P_1 fonda P, deve essere fattuale per (b), e dato che P_2 fonda P, deve essere non fattuale per (c). Tuttavia, la nostra posizione in questi casi è che sono le due proposizione P_1 e P_2 che fondano P collettivamente[37]. La verità di (d), che ogni proposizione non fattuale contiene un costituente non fattuale, è analogamente evidente, dato che se una proposizione non fattuale contenesse solo costituenti fattuali, la sua non fattualità non avrebbe una fonte; non ci sarebbe nulla che la renderebbe non fattuale[38].

---

[36] Quando P è *la disgiunzione* $P_1 \vee P_2$ di una proposizione fattuale vera P_1 e di una proposizione non fattuale falsa P_2, sarà fondata solo da P_1 e desidereremo dire, in conformità con (b), che P è fattuale. Quindi la fattualità, nella nostra attuale concezione, è una questione contingente. (In un'altra concezione alternativa, una proposizione potrebbe essere considerata come non fattuale anche quando possa essere fattuale nel nostro senso attuale.) Potrei aggiungere che non pensiamo alla vaghezza come una fonte, per sé, di non fattualità, dato che una proposizione vaga può comunque indicare al mondo reale. Quindi anche casi nei quali una verità vaga è fondata da una precisa verità non sono controesempi a (b).

[37] Anche la verità di $P \vee \neg P$ quando P è non fattuale non è un controesempio a (c) dato che $P \vee \neg P$, in questo caso, dovrebbe essere considerato come non fattuale.

[38] Si consideri la proposizione che l'ultima cosa che il Papa ha detto sia vera e si supponga che l'ultima cosa che ha detto sia che l'aborto è sbagliato. Allora questa proposizione non è fattuale (se l'etica non è fattuale) e così siamo obbligati da questa assunzione a trattare qualche costituente di questa proposizione – presumibilmente o "cosa" oppure "vera" – come non fattuale.

L'assunzione (e), che asserisce l'esistenza di una appropriata proposizione imperfettamente fattuale P^+, è il punto centrale dell'argomento in cui entrano le considerazioni di plausibilità, dato che non c'è nulla che forza l'antifattualista al riconoscimento della fattualità di una qualsiasi proposizione data. Ma è certamente molto plausibile che egli sia intenzionato a riconoscere la fattualità di qualche proposizione del tipo richiesto. Forse ha dubbi circa l'attribuzione di credenze. Ma non può invece considerare allora attribuzioni semantiche? Forse ha dubbi su queste. Ma allora non può considerare la questione di quando è *appropriato* fare tali attribuzioni? Infatti, suggerirò più avanti che ci sono considerazioni fattuali che riguardano un qualsiasi dominio dato che sono quasi costrette a emergere, qualsiasi sia la posizione di ognuna circa la fattualità del dominio stesso.

Si potrebbe, certamente, assolutamente dichiarare che tutte le proposizioni non sono fattuali. Ma questa forma generale di antifattualismo non è, nell'attuale struttura dialettica, un'opzione possibile. Poiché nel tentativo di argomentare per la non fattualità di un certo insieme circoscritto di proposizioni, l'antifattualista non dovrebbe considerare come garantita la non fattualità delle altre proposizioni non appartenenti all'insieme in questione, proprio come argomentare per la non veridicità di un certo insieme di esperienze percettive, non si dovrebbe dare per garantita la non veridicità delle altre esperienze percettive.

Dunque l'antifattualista dovrebbe concedere – anche se solo temporaneamente, per il bene dell'argomento – che le proposizioni al di fuori dell'insieme sono fattuali.

In questo modo di pensare, non esiste una presunzione generale a favore della fattualità e se l'antifattualismo globale può essere

Questo è difficile, dato che significa che la proposizione è imperfettamente fattuale anche quando l'ultima cosa che il Papa ha detto era fattuale. C'è un difficoltà connessa a questo per la tesi che nessun "si deve" possa essere derivato da un "è". Poiché dall'assunzione che l'ultima cosa che il Papa ha detto è vera e che l'ultima cosa che il Papa ha detto è che l'aborto è sbagliato, possiamo derivare la conclusione che l'aborto è sbagliato. Quindi la prima assunzione dovrebbe essere considerata un "si deve" nonostante non contenga termini morali. Forse c'è qualche altro modo per trattare questi casi.

difeso, può esserlo solo in modo frammentario piuttosto che secondo una linea argomentativa generale. Si dovrebbe successivamente sgretolare l'edificio della fattualità; ed è solo allora, quando ogni parte è stata rimossa, che una forma globale di antifattualismo potrebbe emergere come possibile alternativa.

Secondo l'assunzione (f), ogni verità imperfettamente fattuale deve avere un fondamento perfettamente fattuale, ovvero, un fondamento che possa essere definito in termini solo fattuali. Si consideri ogni verità che contenga un costituente non fattuale. Se si chiedesse all'antifattualista perché egli la consideri fattuale nonostante il costituente non fattuale, allora l'unica risposta completamente soddisfacente che potrebbe fornire sarebbe che ha un fondamento perfettamente fattuale.

Il pensiero metafisico retrostante qui è l'inessenzialità del non fattuale per descrivere il fattuale. Anche se il non fattuale fosse del tutto eliminato dal mondo ordinario, potremmo comunque fornire una spiegazione completa della realtà fattuale nei termini di quello che rimane; e questo fornirebbe un fondamento per tutte le verità fattuali, formulate in termini fattuali o meno.

È importante, in questa connessione, non essere sviati dal nostro esempio di qualcuno che sostenga che l'aborto è sbagliato. Poiché si potrebbe pensare che un antifattualista in etica considererebbe questa proposizione come in ultima istanza fondata in qualche fatto che connetta la persona e il concetto *sbagliato*. Ma nella misura in cui questo è plausibile, la proposizione originale dovrebbe essere considerata come riguardante il concetto *sbagliato*, che l'antifattualista può legittimamente considerare un elemento fattuale, piuttosto che la *sbagliatezza* stessa.

Per chiarire ogni possibile confusione su questo punto, si consideri che la proposizione sia che una persona attribuisce *sbagliatezza* all'aborto. Sarebbe estremamente bizzarro per l'antifattualista supporre che questa proposizione sia in ultima istanza fondata in qualche fatto che connetta la persona alla *sbagliatezza*. Poiché come ci potrebbero essere fatti reali nel mondo che connettono la persona alla *sbagliatezza* e tuttavia nessun fatto reale che connette la *sbagliatezza* a cose che sono sbagliate?

Possiamo argomentare a favore dell'assunzione (g), riguardo l'ineliminabilità degli elementi costituenti, nel seguente modo. Se un dato costituente *C* occorre in una proposizione fattuale elementare vera allora esso deve essere un elemento fondamentale della realtà. Ma se qualche proposizione fattuale vera contiene *C* essenzialmente, deve essere in virtù di qualche caratteristica di *C*. Ma dato che *C* è un elemento fondamentale della realtà, questa caratteristica di *C* non può essere fondata in qualcosa che non contiene a sua volta $C^{[39]}$.

Un possibile tipo di controesempio a questa assunzione è illustrato dalla proposizione che "5" si riferisce a 5. Non potrebbe un realista sui numeri considerare che la sua verità consiste solamente nel fatto che "5" sia il quinto termine del contare, dove questo sia qualcosa che non implichi il numero 5? Tuttavia, una posizione molto più plausibile per il realista sarebbe che la sua verità consiste sia nel fatto che "5" è il quinto termine del contare che nel fatto che 5 è il quinto numero.

È la connessione tra i due diversi sensi di essere quinto nelle rispettive serie che aiuta a fondare il fatto che uno si riferisce all'altro. Analogamente, un realista etico potrebbe supporre che il fatto che qualcuno attribuisca *sbagliatezza* all'aborto è in qualche modo fondato nel suo comportamento. Ma ancora, il fondamento non potrebbe essere considerato come completo fino a quando la connessione tra il suo comportamento e l'attribuire *sbagliatezza* non venga esposta esplicitamente[40].

[39] Un'assunzione connessa a questo è stata accennata da Horwich (1998, p. 21), che la ritiene una fallacia. Questa è che "ogni qual volta un fatto ha un certo componente, allora qualsiasi cosa costituisca questo fatto deve contenere o lo stesso componente o alternativamente qualcosa che lo costituisce". L'assunzione (g) afferma che il fatto costituente deve contenere lo stesso componente quanto il componente è esso stesso fondamentale, i.e., tale da occorrere in un fatto non costituito. Ma se il fatto costituente non contiene qualcosa che costituisce il componente in questo senso, non ci sono ragioni per supporre che esso è fondamentale nel mio senso. Quindi accettare (g) è perfettamente compatibile con il rigettare la sua fallacia.

[40] Secondo una certa visione deflazionaria, del tipo proposto da Field (2001, capp. 4 e 5), non si dovrebbe nemmeno considerare che queste proposizioni implichino una relazione tra un termine o concetto e un'entità.

Vale la pena, in conclusione, fare un'osservazione sul ruolo critico giocato dalla nozione di *ground* nell'argomento sopra esposto. Se avessimo usato una nozione esplicativa più debole, non ci sarebbe stata alcuna ragione di supporre che i vari principi sui quali l'argomento si regge potessero valere. Non ci sarebbe stata, quindi, nessuna obiezione a una proposizione non fattuale avente un completo fondamento fattuale, sebbene normativo. Questo punto è importante per comprendere come si dovrebbero concepire il fattualismo e l'antifattualismo come posizioni che hanno diversi scopi esplicativi. Poiché a meno che questi scopi non siano concepiti nei termini di una rigorosa nozione metafisica di *ground*, non c'è nulla che impedisca al fattualista e all'antifattualista di affrontarli allo stesso modo[41].

7. Impostare le questioni di ground

Abbiamo mostrato come concepire un "esperimento critico" per mostrare se accettare o rigettare l'ipotesi che una proposizione data è fattuale. L'affermazione che la proposizione è fattuale implicherà che una certa proposizione relata ha un certo tipo di fondamento mentre l'affermazione che non è fattuale implicherà che la proposizione non abbia un certo fondamento.

Assicurando la corretta riposta alla questione del *ground*, possiamo assicurare la corretta risposta alla questione della fattualità.

Ma come possono essere impostare le questioni di *ground*? La nozione non può essere concettualmente problematica allo stesso modo delle nozioni di fattualità o riduzione; dato che la sua

---

41 Quindi sia l'argomento di Putnam per il realismo scientifico (1978, p. 100), che l'argomento che Harman (1977, cap. 1), considera contro il realismo morale si trasformano nella questione se la spiegazione migliore di qualche fenomeno (il successo della scienza, le nostre risposte morali) implica o non implica un riferimento ai fatti che sono in questione. Ma nella misura in cui la nozione rilevante di spiegazione non è metafisica, non è chiaro la ragione per cui il fattualista e l'antifattualista dovrebbero essere in disaccordo su questa questione. Io dubito anche, sebbene questa è una questione separata, che questi argomenti possano plausibilmente essere usati per difendere una forma scettica di antirealismo.

applicazione non ha una valore realista o antirealista. Ma molti dei nostri argomenti precedenti contro la definizione o la garanzia di riduzione si applicano ugualmente bene anche alla nozione di *ground*; e nell'assenza di una definizione o garanzia, possiamo avere analoghi problemi metodologici su come la nozione vada utilizzata.

Ci sono, credo, due fonti di evidenza per esprimere giudizi di *ground*. La prima è intuitiva. Sembra che siamo in possesso di una ricca serie di intuizioni riguardo al fatto che qualcosa fonda o non fonda qualcos'altro. Molti esempi sono già stati dati, ma ce ne sono molti altri. Quindi ciò che fonda la verità di una disgiunzione è la verità di quei suoi disgiunti che sono veri, e quello che fonda l'occorrenza di un evento composto a un certo tempo dato è l'occorrenza degli eventi che lo compongono.

Abbiamo anche delle intuizioni su un vasto insieme di giudizi negativi (indipendentemente da considerazioni modali). È implausibile, per esempio, che quello che fonda dei fatti sul volume siano fatti sulla densità o sulla massa o che quello che fonda la verità che un dato oggetto sia rosso è il fatto che è rosso o che sia rotondo è il fatto che è rotondo, anche se l'uno segue logicamente dall'altro.

L'altra fonte di evidenza ha un carattere esplicativo. Come abbiamo menzionato, la relazione di *ground* è una forma di spiegazione; nel fornire il fondamento di una data proposizione, si sta spiegando, nel modo metafisicamente più soddisfacente, cosa è che la rende vera. Quindi un sistema di *ground* deve essere apprezzato, circa nello stesso modo in cui si apprezza qualsiasi altro schema esplicativo, sulla base di considerazioni come la semplicità, l'ampiezza, la coerenza, o la non circolarità.

Forse la più importante virtù a questo riguardo è la forza esplicativa, la capacità di spiegare quello che ha bisogno di essere spiegato e che rimarrebbe altrimenti inspiegato. E qui non è solo rilevante che si dia un fondamento e quindi una spiegazione di certe verità ma anche che, nel farlo, si spieghi la presenza o l'assenza di certe connessioni tra le proposizioni che sono così fondate.

Quindi le questioni di *ground* non devono semplicemente essere impostate caso per caso ma anche in rapporto a come le loro risposte si adeguano in un *pattern* generale di spiegazione. Potrebbe sembrare che il nostro esperimento critico porti la speranza che una questione sulla fattualità possa essere risposta sulla base di una questione di *ground*. Ma nella misura in cui ci mancano delle intuizioni su quella questione, ogni risposta proposta deve essere posta in un contesto più vasto di tali risposte e valutata sulla base di considerazioni largamente olistiche.

Ma quale è questo contesto più vasto e quali le considerazioni grazie alle quali si possono fornire le risposte? Nella misura in cui la fattualità di una proposizione è in dubbio, è perché si pensa che contenga certi costituenti non fattuali che occorrono in un modo tale da rendere la proposizione risultante non fattuale. Chiamiamo la classe di proposizioni la cui fattualità è in dubbio il dominio *dato* e i costituenti che si pensano responsabili per la loro non fattualità i costituenti (o elementi) *contestati*.

Associato con ogni dominio dato e una classe di elementi contestati ci sarà un'altra classe, che chiameremo dominio *esteso*, e che consiste di tutte quelle proposizioni che contengono (essenzialmente) gli elementi dati ma che si è d'accordo nel ritenere fattuali. Abbiamo già visto due esempi di tali proposizioni – la proposizione che ciò-e-ciò detto l'aborto è sbagliato e la proposizione che "sbagliato" si riferisca alla *sbagliatezza*.

Nella misura in cui si considera che il dominio dato descriva i "fatti" di una data area, si potrebbe intendere il dominio esteso come quello che descrive la nostra "pratica" di avere a che fare con quei fatti. Quindi dove il primo riguarda la moralità, la scienza, o la matematica, il secondo riguarda, diciamo, la nostra pratica morale, scientifica, o matematica.

Due aspetti significativi della nostra pratica si relazionano alla nostra rappresentazione e concettualizzazione dei fatti dati[42].

---

42 Un altro aspetto della nostra "pratica" riguarda lo statuto metafisico delle proposizioni di un dato dominio. Quindi anche se l'antifattualista considera una proposizione non fattuale, può comunque considerare come una questione fattuale che essa sia non fattuale o che sia contingente o che sia fondata da altre proposizioni. La questione dello statuto metafisico di queste affermazioni metafisiche, sebbene di enorme interesse filosofico,

Quindi, nel caso della moralità, il dominio esteso potrebbe includere proposizioni rappresentazionali circa il fatto che noi crediamo a un principio morale così-e-così, o che abbiamo espresso un'affermazione morale così-e-così, o che un termine morale significa quello che significa, e potrebbe anche includere proposizioni cognitive circa il fatto che noi sappiamo o siamo giustificati a sostenere una credenza morale, o che siamo moralmente sensibili, o che abbiamo pregiudizi nelle nostre posizioni morali.

Il dominio esteso può anche includere proposizioni specifiche rispetto all'area in questione. Dunque può includere proposizioni circa il fatto che siamo stati motivati da una credenza morale così-e-così nel caso morale o proposizioni circa l'applicazione della matematica nel caso matematico.

Per certe forme radicali di antifattualismo, molti di questi aspetti della nostra pratica potrebbero essere considerati come non fattuali. Quindi un antifattualista sul significato potrebbe concepire tutte le proposizioni riguardo al significato, riferimento, e giustificazione come non fattuali. Ma sospetto che, anche in questi casi, sarebbe possibile trovare degli aspetti della nostra pratica sulla cui fattualità le due fazioni della disputa sarebbero d'accordo.

In primo luogo, mi sembra che l'antifattualista – in comune con il fattualista – dovrebbe essere incline a riconoscere che esiste uno standard *fattuale* di correttezza. Certo, lo standard ovvio di correttezza non sarà fattuale; poiché la correttezza del giudizio che l'aborto è sbagliato, diciamo, ammonterebbe semplicemente all'essere sbagliato dell'aborto – cosa che, per l'antifattualista, è qualcosa di non fattuale.

Ma questo standard non fattuale di correttezza vive all'ombra di uno standard fattuale. Poiché la correttezza dei nostri giudizi ha in qualche modo a che fare con il mondo reale; ci deve essere qualcosa verso cui tendiamo nelle credenze e la cui realizzazione è una questione fattuale. Così per l'espressivista, per esempio, lo

non è generalmente così rilevante da dirimere dispute sulla fattualità di un dato dominio del primo ordine.

standard fattuale di correttezza per un giudizio potrebbe essere che esso fedelmente riflette gli impegni morali (possibilmente impliciti) di qualcuno; mentre per il formalista matematico, potrebbe essere che il giudizio è in accordo con le regole del gioco. Quindi, anche in questi casi, c'è qualcosa di fattuale che fa tornare i conti nel modo giusto.

Analogamente, sembrerebbe esserci un senso fattuale che si può dire pronto a rispondere ai fatti. Ancora, per l'antifattualista il modo più ovvio per essere pronto a rispondere ai fatti è non fattuale, dato che si basa su quelli che si considerano essere i fatti. Ma all'ombra di questo senso, c'è un altro senso di fattuale. Poiché la nostra attività epistemica deve in qualche modo avere a che fare con il mondo reale, ci dovrà essere qualcosa verso cui tendiamo – nell'essere agenti epistemici ben posizionati – e la cui realizzazione è una questione fattuale. Così per l'espressivista, potrebbe consistere nell'essere appropriatamente sensibile agli (impliciti) impegni morali nella formazione delle credenze etiche; mentre, per il formalista, potrebbe consistere nel rispondere appropriatamente alle regole del gioco nell'eseguire una dimostrazione.

Garantito che possono essere d'accordo su una pratica comune, il fattualista e l'antifattualista ci devono dare una spiegazione di quale sia, e in cosa consista. Più precisamente, ci dovrebbero fornire una spiegazione di cosa può fondare le proposizioni del dominio esteso. Ma le loro spiegazioni sono soggette a differenti limitazioni.

L'antifattualista deve fornire una spiegazione della pratica senza nessun riferimento ai costituenti contestati. L'espressivista, per esempio, deve essere in grado di spiegare in cosa consiste avere una credenza morale senza utilizzare il vocabolario della morale, e il formalista deve essere in grado di dire in cosa consiste l'avere una prova matematica senza usare il vocabolario matematico.

È questa limitazione che spiega perché un antifattualista deve essere in grado di fornire un'alternativa alla spiegazione vero-condizionale della nostra comprensione del linguaggio; dato che la verità, nella sua applicazione a proposizioni di un dominio non fattuale, è non fattuale e deve quindi essere eliminabile. Essa spiega anche perché le formulazioni standard delle posizioni antifattualiste –

espressivismo, costruttivismo, formalismo ecc. – sono comunemente intese come antifattualiste, sebbene questo non sia implicato dalle formulazioni stesse. Poiché esse forniscono i termini generali con i quali la limitazione può essere soddisfatta. È immediatamente chiaro dalla posizione espressivista, per esempio, che vorrebbe spiegare le credenze etiche senza utilizzare i termini dell'etica.

Il fattualista, invece, è obbligato a far riferimento agli elementi contestati (almeno nella misura in cui sono considerati elementari o fondamentali). Il moralista platonico, per esempio, non può fornire una spiegazione su ciò che significa ascrivere *sbagliatezza* a un dato atto nei termini dell'avere un'attitudine a un tale atto, dato che la connessione con l'attributo sarebbe così persa; e il platonista aritmetico non può fornire una spiegazione di ciò che significa riferirsi a un numero naturale senza far riferimento ai numeri naturali. È questa limitazione che spiega anche la ragione per cui il fattualista considera congeniale una spiegazione vero-condizionale, dato che connette nel modo richiesto la nostra concezione del linguaggio con gli elementi della realtà che tratta.

La spiegazione fattualista deve in questo senso essere *rappresentazionale*: deve collegare la pratica con i fatti sottostanti, mentre la spiegazione antifattualista è *non rappresentazionale*. Nel primo caso, la pratica deve avere a che fare con i fatti possibili e deve essere intesa – almeno in parte – nei termini di *come* ha a che fare con quei fatti.

Nell'altro caso, la pratica è intesa indipendentemente dai fatti; e piuttosto che concepire la pratica nei termini di come rappresenta i fatti possibili, i fatti stessi dovrebbero essere concepiti nei termini di come sono "proiettati" dalla pratica. È in questo senso che sono soggettivi e non "là fuori". Una proposizione non fattuale è intesa in ultima istanza – non nei termini dei suoi fondamenti, di quello che nel modo la rende vera – ma nei termini del suo ruolo in una data pratica. Sono proposizioni metafisicamente incomplete e dovrebbero essere concepite, allo stesso modo dei "simboli incompleti" di Russell, nei termini del contesto del loro utilizzo piuttosto che nei termini della loro applicazione isolata al mondo.

La questione se essere o meno un fattualista è quindi la questione se adottare o meno una spiegazione rappresentazionale di quello che fonda la nostra pratica. E questa, a sua volta, è largamente una questione di determinare quale tra le spiegazioni rivali è maggiormente in grado di soddisfare le richieste esplicative che possono essere poste. Può la spiegazione fattualista morale spiegare il ruolo motivazionale delle credenze morali o la spiegazione antifattualista morale spiegare il suo ruolo inferenziale?

Può il fattualista matematico spiegare la capacità referenziale del linguaggio matematico, o il costruttivista la sua applicazione alla scienza? Può il fattualista sul significato fornire una spiegazione adeguata dei fondamenti delle affermazioni di significato, o l'antifattualista un'adeguata spiegazione degli standard fattuali di correttezza dai quali sembra essere governato? È dalla loro risposta a queste e molte altre domande che la correttezza della posizione fattualista o antifattualista può essere decisa[43].

Dato che queste spiegazioni sono soggette a diverse limitazioni, i fattualisti e gli antifattualisti soddisfaranno queste richieste in modi caratteristicamente diversi. Ma come possiamo essere sicuri che queste differenze ci permettono di decidere tra le loro spiegazioni? Cosa elimina la possibilità di uno stallo nel quale i vantaggi e gli svantaggi delle due spiegazioni sembrano essere più o meno equivalenti? O anche se una sembra preferibile all'altra, forse non è esso stesso così come vorremmo credere.

Si supponga, per esempio, che la spiegazione rappresentazionale più plausibile della nostra pratica matematica sia epifenomenica: ossia, che consista di una parte non rappresentazionale e una "parallela" parte matematica (per esempio, il riferimento di "5" a 5 consiste nel fatto che "5" è il quinto termine del contare e 5 il quinto numero). Sarebbe quindi difficile scegliere tra questa spiegazione e la corrispondente spiegazione non rappresentazionale.

Si deve concedere che non abbiamo basi *a priori* per escludere questi casi. Ma nemmeno abbiamo buone ragioni per aspettarceli.

---

[43] Altri filosofi – principalmente Dummett (*passim*) e Blackburn (1984, p. 169 e 1998, p. 50) – hanno anche enfatizzato il ruolo della pratica nel decidere circa la disputa realista. Quello che è specifico nella mia posizione è il modo preciso nel quale specifica cosa è la pratica e cosa è implicato nello spiegarla.

Qualche filosofo, è vero, è stato impressionato dal nostro ripetuto fallimento nel risolvere i problemi del realismo nel passato ed è diventato completamente pessimista sulla nostra abilità di fare dei progressi nel futuro. Ma sospetto che questi filosofi non abbiano completamente stimato quanto c'è da fare prima che questi problemi possano essere risolti propriamente.

Nel fornire una spiegazione di una data pratica, dobbiamo difatti dire cosa è in effetti una completa epistemologia, una psicologia filosofica, e una teoria del linguaggio per l'area in questione; e nel formulare una tale spiegazione, dobbiamo in effetti risolvere tutti i principali problemi filosofici che emergono da quell'area. Fino a quando non avremo risolto la questione se le credenze morali hanno necessariamente una forza motivazionale, per esempio, non possiamo dire se ci sono punti a favore di una data spiegazione della nostra pratica morale che assegna loro tale forza; e finché non avremo deciso se le credenze matematiche possano essere conosciute *a priori*, non potremo dire se ci sono punti a favore di una spiegazione della nostra pratica matematica che permette loro un tale status.

Una conclusione realista o antirealista quindi rappresenta il termine dell'indagine filosofica in una certa area piuttosto che il suo punto di partenza; e perciò non è sorprendente che siano stati fatti tali piccoli progressi nella metafisica realista, anche se comparata con altre aree della filosofia.

8. Realtà come fondamentale

Abbiamo distinto due concezioni di realtà – come fattuale e come fondamentale. Passiamo ora alla seconda di queste concezioni e, dopo aver chiarito il concetto in questa sezione, proveremo a mostrare nella prossima sezione come le questioni riguardanti la sua applicazione possano essere risolte.

È naturale intendere il concetto di una realtà fondamentale nei termini del concetto relativo di essere *meno fondamentale* di, o *riducibile* a, qualcos'altro – l'essere fondamentale inteso nel senso di qualsiasi cosa che non si riduce a nient'altro (mentre le altre cose si riducono a esso). Ma così sembrerebbe di giocare nelle mani quietiste. Come può la connessione esplicativa determinare ciò che è o

non è reale? Dobbiamo garantire che alcune cose sono esplicato-
riamente più basiche di altre. Ma cosa le renderebbe più reali?

Quello che voglio suggerire, in rapporto a questa difficoltà, è
che rigettiamo l'idea che la nozione assoluta di realtà fondamentale ha bisogno di un sostegno relazionale. La concezione di realtà
che stiamo cercando è semplicemente la nozione di Realtà in se
stessa. Quindi anche se due nazioni sono in guerra, neghiamo che
così è come le cose stanno realmente o fondamentalmente perché
le entità in questione, le nazioni, e la relazione tra di esse, non sono
parte della Realtà come essa è. Si potrebbe pensare che il mondo e
le proposizioni dalle quali il mondo è composto abbiano una loro
struttura intrinseca; e una proposizione descriverà allora come le
cose sono in loro stesse quando la sua struttura corrisponde alla
struttura del mondo[44]. Quindi è questa idea positiva di struttura
intrinseca della realtà, piuttosto che l'idea comparativa di riduzione, che dovrebbe informare la concezione rilevante di ciò che è
fondamentale o reale.

È anche importante distinguere la nozione di Realtà in sé da
certe altre nozioni di realtà intrinseca. Nel parlare della natura intrinseca del mondo fisico, per esempio, si potrebbero avere in mente le sue caratteristiche non relazionali o non disposizionali, ma
queste caratteristiche, secondo la mia comprensione, non possono
appartenere alla Realtà in se stessa più delle caratteristiche relazionali o disposizionali. O ancora, nel parlare della natura intrinseca
del mondo fisico, si potrebbe cercare una descrizione che è intrinseca al mondo nel senso che non è prospettica[45].

Quindi i termini di colore devono essere esclusi sulla base del
fatto che la nostra conoscenza di essi è basata su una specifica forma di consapevolezza sensoriale. Ma nella misura in cui questi termini catturano proprietà fisicamente fondamentali, io sarei incline

---

44 Questa è semplicemente un'immagine. Non impegna nessuno verso la
    posizione che ci siano fatti nel mondo la cui struttura possa corrisponde-
    re alla struttura delle proposizioni o affermazioni dalle quali potrebbero
    essere descritti, come nella esposizione tradizionale dell'atomismo logico
    (Wisdom 1969).
45 Si veda Williams (1978, p. 66 e 1985, p. 241).

ad approvare il loro uso nella descrizione della Realtà in se stessa, comunque essi vadano concepiti. Data la nozione di realtà come primitiva, è quindi possibile definire la nozione di riduzione. Intuitivamente, una proposizione si ridurrà ad altre se queste ultime ci portano più vicino a ciò che è reale. Ora una condizione necessaria affinché una proposizione P si riduca alle proposizioni Q, R... è essere fondata da queste proposizioni; e una condizione necessaria e sufficiente affinché Q, R... siano più vicine alla realtà di P in questo caso è che P non sia reale e ognuna di Q, R... sia o reale o "nella direzione giusta" verso ciò che è reale. Ma quest'ultima condizione riguarda solo la questione se una proposizione è fondata da ciò che è reale. Arriviamo quindi alla seguente definizione:

> la proposizione vera P si riduce alle proposizioni Q, R... se e solo se (i) P non è reale; (ii) P è fondata in Q, R... ; e (iii) ognuna di Q, R... è o reale o fondata in ciò che è reale[46].

Secondo questo approccio, la riduzione deve essere considerata nei termini di una realtà fondamentale piuttosto che viceversa, e non c'è mistero del perché una riduzione ha un valore antirealista, dato che tale valore è costruito insieme alla nozione. È anche in grado di evitare i problemi che affliggono le precedenti spiegazioni di riduzione dato che condivide, con la sottostante nozione di *ground*, la capacità di avere istanze uno-molti, di essere applicabile ai case *de re*, e avere un contenuto esplicativo.

9. Impostare ciò che è fondamentale

Certo, il quietista estremo non sarà contento del concetto di Realtà in sé. Ma si deve ricordare che il nostro obiettivo è il quietista moderato. Abbiamo buttato al vento la cautela e la nostra sola domanda è: Dato che il concetto *è* intelligibile, come possiamo impostare sua applicazione? Come possiamo determinare, da tutte

---

46 Si potrebbe esprimere la nozione di realtà nei termini di un connettivo "è costitutivo della realtà che...", proprio come nel caso delle nozioni di fattualità e *ground*. Un considerevole interesse avrebbe quindi lo sviluppo di una logica di tali nozioni.

le possibili verità, quelle che sono descrittive – o possibilmente descrittive – di una tale realtà, e quelle che non lo sono?

Nel tentare di determinare cosa è reale in questo modo, non possiamo semplicemente appellarci al fatto che una data proposizione è elementare. Poiché una proposizione elementare può non essere fattuale; e chiaramente nessuna verità non fattuale potrà essere descrittiva di una realtà fondamentale. Tuttavia, ogni proposizione elementare *fattuale* sarà reale. Ogni proposizione fattuale vera è reale o fondata da qualcosa di reale; e perciò la proposizione, se elementare, sarà reale. La nostra metodologia precedentemente impiegata per determinare ciò che è fattuale può quindi essere d'aiuto nel determinare quello che è reale. Una volta risolto se un dato dominio è fattuale, allora ogni proposizione elementare di quel dominio può essere considerata come reale. Ma anche senza l'aiuto di quella metodologia, c'è forse una presupposizione generale a favore dell'essere fattuale di ogni proposizione; e così il mero fatto che una proposizione è elementare ci darà ragioni di credere che è reale, nell'assenza di ragioni contrarie.

Proprio come non possiamo leggere ciò che reale da quello che è elementare, così non possiamo leggere ciò che non è reale da quello che non è elementare. Infatti, è possibile immaginare uno scenario metafisico nel quale, il non elementare, o fondato, è plausibilmente concepito come reale. Si supponga, per prendere uno di questi casi, che Aristotele abbia ragione sulla natura dell'acqua e cioè che essa sia indefinitamente divisibile e che allo stesso tempo mantenga la sua natura di acqua fino al livello ultimo di divisione.

In tal caso, sarebbe plausibile che ogni proposizione sulla locazione di un dato corpo d'acqua sia fondata in qualche proposizione circa la locazione di altri simili corpi d'acqua (e in nient'altro). La proposizione che questo corpo d'acqua è qui, davanti a me, per esempio, sarà fondata nella proposizione che una metà sia qui, alla sinistra, e l'altra metà sia là, alla destra. Ma quali di queste proposizioni che descrivono la locazione dell'acqua è reale? Non possiamo dire che alcune sono reali e altre no, dato che non ci sono ragioni per una tale distinzione.

Quindi dobbiamo dire o che sono tutte reali o che nessuna lo è. Ma dato che la locazione dell'acqua è una questione fattuale, dovremmo considerarle tutte reali nonostante il fatto che ognuna è fondata da proposizioni dello stesso tipo[47].

Un altro tipo di casi riguarda considerazioni "orizzontali" piuttosto che "verticali". Si immagini un'ontologia che consideri come reali certi eventi semplici e le relazioni tra di essi. Si supponga ora che un evento singolo causi un evento composto da eventi singoli. Allora questo presumibilmente consiste nel suo causare un componente dell'evento composto e nel suo causare l'altro componente.

Ora si supponga che un composto di eventi semplici causi un evento semplice elementare, anche se nessun componente specifico del composto di eventi causa l'evento.

Allora non sarebbe chiaro quale possa essere il fondamento. Ma se si considera questa relazione causale come elementare e quindi reale, allora anche il composto di eventi dovrebbe essere considerato come reale, e così la causazione del composto – che è una relazione reale tra relata reali – dovrebbe essere considerata come reale, nonostante il suo essere fondata da altre relazioni causali.

Perciò dato che una proposizione è fondata da altre, come possiamo essere certi che sia o meno reale? Quello che vorrei suggerire è che c'è una presupposizione generale in favore del fatto che quello che è ha un fondamento non è reale. Nell'assenza di una ragione contraria, come quelle illustrate dai casi precedenti, dovremmo assumere che ogni proposizione ha un fondamento non è reale.

La presupposizione può essere giustificata con il riferimento agli scopi generali della metafisica realista. Difatti, la distinzione tra ciò che è e ciò che non è reale rappresenta una strategia generale per avere un senso metafisico del mondo fattuale. Di tutte le strutture che il mondo esibisce, alcune possono essere consi-

---

47 Nel considerare questo caso è fondamentale distinguere tra *ground* e riduzione. Se si considera un fondamento come un avvicinamento a ciò che è reale, allora è difficile vedere come ci possa essere un regresso all'infinito di fondamenti (con niente alla fine). Poiché come ci si può avvicinare a qualcosa che non esiste? Ma una volta che i fondamenti sono considerati metafisicamente neutrali, non sussiste una difficoltà maggiore che nel caso della nozione di causa nel considerare che possano formare un regresso all'infinito (cfr. la discussione della posizione di Leibniz su questa questione in Adam, 1994, pp. 333-8.).

derate reali, poiché appartengono al mondo stesso, e altre solo apparenti e concepite in riferimento a ciò che è reale. Chiamiamo *visione del mondo* questa divisione di tutte le proposizioni tra quelle reali e quelle non reali. Dunque una visione del mondo corrisponderà a uno specifico tentativo di vedere il mondo come intelligibile nei termini di una distinzione tra ciò che è reale e ciò che non lo è.

Chiamiamo ora una proposizione fattuale *discutibile* se ha un fondamento e non ci sono particolari ragioni per pensarla reale. Ci sono tre possibili visioni del mondo che si potrebbero adottare: la minimalista, che considera ogni proposizione discutibile non reale; la massimalista, che considera ogni proposizione discutibile reale; e quella intermedia, che considera alcune proposizioni discutibili reali e altre non reali. (Non abbiamo bisogno di considerare proposizioni non fattuali dato che è chiaro che esse non sono reali.) Ora di queste alternative, la terza dovrebbe essere esclusa sulla base che essa traccia una distinzione arbitraria tra proposizioni discutibili, considerandone alcune reali e altre no quando non ci sono ragioni per farlo. Quindi, non corrisponde a una concezione metafisica del mondo.

Anche la seconda dovrebbe essere esclusa. Non è arbitraria nel suo trattare le proposizioni discutibili; ma nel suo trattarle come tutte reali, essa abbandona la strategia esplicativa tramite cui era stata intesa la distinzione tra ciò che è reale e ciò che non lo è. Nei termini di quella strategia, questa posizione sarebbe dunque equivalente all'adottare una posizione che rifiuta persino di riconoscere una distinzione tra ciò che è reale e ciò che non lo è. Quindi l'unica alternativa ragionevole è la prima; ed è questo che giustifica il fatto che ogni proposizione discutibile non è reale.

10. L'unità della metafisica realista

Vediamo come le questioni sulla fattualità e sulla realtà vadano affrontate essenzialmente negli stessi termini. Non è solamente che la determinazione di ciò che è fattuale è rilevante per determinare quello che è reale, ma soprattutto che, in entrambi i casi, le questioni sono largamente affrontate attraverso considerazioni di *ground*.

In un caso, dobbiamo guardare alle proposizioni di un dato dominio, assumerle come fattuali, e tentare di estrarre dalla struttura generale dei loro fondamenti il modo migliore in cui si effettua la divisione tra ciò che è reale e ciò che non lo è. Dunque una volta che tutte le questioni di *ground* sono state risolte, tutte le questioni su ciò che è reale – o nel senso di ciò che è fattuale, oppure di ciò che è fondamentale – potranno essere risolte. Al di sotto di questa unità metodologica, c'è, credo, una significativa unità concettuale. Abbiamo finora trattato il fattuale e il fondamentale come concezioni indipendenti della realtà metafisica. Ma sono intimamente correlate. È chiaro che ogni proposizione (fondamentalmente) reale è fattuale e che ogni proposizione fondata dal fattuale, e quindi ogni proposizione fondata dal reale, è fattuale. Ma anche se una proposizione è fattuale, allora deve essere resa vera dal mondo reale, e se non è essa stessa reale, deve essere fondata da qualcosa di reale. Siamo quindi arrivati alla seguente definizione:

una proposizione è fattuale se e solo se è reale o fondata in ciò che è reale[48].

La metafisica realista, secondo questa posizione, ha un obiettivo singolo – il fondamentalmente reale – e il nostro interesse nelle altre categorie della realtà deriverà dalla loro connessione con questa categoria fondamentale. È l'asse esplicativo sul quale si da una spiegazione del mondo. Difatti, una proposizione data può essere o identica al reale (il reale stesso) o riducibile al reale (il non reale) oppure né identica né riducibile al reale (il non fattuale o irreale).

E in corrispondenza di ogni tipo di proposizione ci sarà una spiegazione caratteristica del contenuto metafisico della proposizione – di *come* si relaziona alla realtà. Essa può essere reale, nel

---

48 È possibile intravedere una posizione semi-quietista che accetti il concetto di fattualità ma rigetti quello di fondamentalità. Secondo questa posizione, il mondo si dividerebbe in una parte oggettiva e in una non oggettiva, ma quella oggettiva sarebbe una massa indifferenziata e non si potrebbe sensatamente considerare in possesso di una qualche struttura intrinseca. La definizione di cui sopra non sarebbe allora possibile e lo studio di ciò che è fattuale procederebbe indipendentemente dallo studio di ciò che è fondamentale.

qual caso non c'è nient'altro da dire, dato che la proposizione porta il suo contenuto "in viso"; può essere non reale, nel qual caso il suo contenuto metaforico è dato dai suoi fondamenti; oppure può essere irreale, nel qual caso il suo contenuto metafisico è dato da quelle proposizioni fattuali che riflettono il suo utilizzo. Lo scopo della metafisica realista è di rendere il mondo intelligibile nei termini della distinzione tra ciò che è reale e ciò che non lo è; e il suo obiettivo è completo quando sarà divenuto chiaro come quello che è apparente, o non reale, possa essere reso intelligibile nei termini di ciò che è reale[49].

Bibliografia

Adams, R.M. (1994), *Leibniz: Determinist, Theist, Idealist*, Oxford, Oxford University Press.

Armstrong, D.M. (1997), *A World of States of Affairs*, Cambridge, Cambridge University Press.

Blackburn, S. (1984), *Spreading the Word*, Oxford, Oxford University Press.

Blackburn, S. (1992), *Essays in Quasi-Realism*, Oxford, Oxford University Press.

Blackburn, S. (1998), *Ruling Passions: A Theory of Practical Reasoning*, Oxford, Clarendon Press.

Chalmers, D.J. (1996), *The Conscious Mind*, Oxford, Oxford University Press.

[49] Sono stato molto fortunato con l'assistenza che ho ricevuto nella scrittura di questo articolo. I partecipanti dei seminari all'UCLA e a Princeton e dei talk alle Università della Columbia, Michigan, Pennsylvania, e Rutgers hanno fatto molti commenti eccellenti; ho avuto importanti conversazioni o corrispondenze sui temi di questo articolo con Rogers Albritton, Paul Boghossian, Ruth Chang, Hartry Field, Mark Johnston, David Kaplan, David Lewis, Mark Moyer, Gideon Rosen, Stephen Schiffer e Bartosz Wieckowski; e, al di sopra di tutti, Ronald Dworkin, Andre Gallois, Gil Harman, Paul Horwich, Joshua Schechter, e due referees per di *Imprint* mi hanno fornito un estensiva schiera di commenti scritti, che sono stati di grande aiuto nella revisione dell'articolo.

Dummett, M. (1973), *Frege: Philosophy of Language* Londra, Duckworth.

Dummett, M. (1976), *What is a Theory of Meaning? (II)*, in G. Evans e J. McDowell (a cura di), *Truth and Meaning: Essays in Semantics*, pp. 67-137, Oxford, Oxford University Press.

Dummett, M. (1978), *Truth and Other Enigmas*, Londra, Duckworth.

Dummett, M. (1991), *Frege: Philosophy of Mathematics*, Londra, Duckworth.

Dummett, M. (1993), *The Seas of Language*, Oxford, Clarendon Press.

Dworkin, R. (1996), *Objectivity and Truth: You'd Better Believe It*, "Philosophy and Public Affairs", 25: 87-139.

Edgington, D. (1980-81), *Meaning, Bivalence and Realism*, "Proceedings of the Aristotelian Society", 81: 153-73.

Fine, A. (1984), *The Natural Ontological Attitude*, in J. Leplin (a cura di), *Scientific Realism* 149-77, Berkeley, University of California Press.

Field, H. (2001), *Truth and The Absence of Fact*, Oxford, Clarendon Press.

Gaifman, H. (1975), *Ontology and Conceptual Frameworks*, "Erkenntnis", 9: 329-353.

Harman, G. (1977), *The Nature of Morality*, Oxford, Clarendon Press.

Horwich, P. (1998), *Meaning*, Oxford, Clarendon Press.

Jackson, F. (1998), *From Metaphysics to Ethics*, Oxford, Clarendon Press.

Kim, J. (1993), *Supervenience and Mind*, Cambridge, Cambridge University Press.

Putnam, H. (1978), *Meaning and the Moral Sciences*, Londra, Routledge & Kegan Paul.

Putnam, H. (1987), *The Many Faces of Realism*, La Salle – Illinois, Open Court.

Rorty, R. (1979), *Philosophy and the Mirror of Nature*, Princeton, Princeton University Press.

Rosen, G. (1994), *Objectivity and Modern Idealism: What is the Question?*, in M. Michaelis e J. O'Leary-Hawthorne (a cura di), *Philosophy in Mind*, 277-319, Amsterdam, Kluwer.

Stroud, B. (2000), *The Quest for Reality: Subjectivism and the Metaphysics of Color*, New York, Oxford University Press.

Winkler, K. (1985), *Skepticism and Antirealism*, "Mind" 94: 36-52.

Williams, B. (1978), *Descartes: The Project of Pure Enquiry*, Harmondsworth, Penguin.

Williams, B. (1985), *Ethics and the Limits of Philosophy*, Cambridge, Harvard University Press .

Wisdom, J. (1969), *Logical Constructions*, New York, Random House.

Wright, C. (1992), *Truth and Objectivity*, Cambridge, Harvard University Press.

A proposito di realismo: alcune riflessioni su "grounding" e realismo scientifico

di EMANUELE ROSSANESE

1. Introduzione

Lo scopo di questo mio articolo è duplice. Da un lato, cercherò di commentare e discutere alcune importanti questioni che Kit Fine (2001) solleva e analizza nel suo lungo e complesso articolo. In particolare, mi concentrerò sulla definizione della nozione di *ground* che di fatto pone le fondamenta della metafisica proposta da Fine. Dall'altro lato, cercherò di mostrare l'importanza del dibattito sul realismo scientifico, come possibile declinazione del dibattito più generale sul realismo. Il mio articolo sarà quindi diviso in due sezioni principali, ognuna delle quali sarà dedicata a una delle questioni che ho ora menzionato. Tuttavia, prima di procedere, credo sia il caso di introdurre e contestualizzare il lavoro di Fine che viene tradotto in questo volume. Perciò, in questa sezione introduttiva esporrò brevemente i contenuti essenziali dell'articolo di Fine. Nella parte finale di questa introduzione dirò invece qualche parola in più sulla divisione interna di questo mio articolo.

L'articolo di Fine che è stato qui tradotto è un lavoro molto interessante e sicuramente complesso che tenta di fondare una metodologia generale che permetta di affrontare il problema metafisico del realismo, cercando contemporaneamente di evitare le numerose difficoltà che tale questione presenta. Lo sforzo filosofico di Fine è dunque volto a due principali obiettivi. Da un lato, Fine vuole mostrare la plausibilità e la legittimità del dibattito metafisico tra realisti e antirealisti contro chi, per esempio, considera tale dibattito privo di senso o del tutto inutile[50]. Dall'altro lato, Fine vuole anche fornire alcune indicazioni metodologiche su come questo dibattito debba essere impostato e su quali siano le nozioni di cui abbiamo bisogno per affrontarlo.

Fine, infatti, analizza due nozioni che spesso sono state considerate come strettamente connesse al dibattito sul realismo. In primo luogo, Fine considera la nozione di *fattuale*, e la relativa posizione *fattualista*, ossia l'idea che tutte le ragioni che si hanno per credere in una data proposizione siano, in ultima analisi, i *fatti* che essa esprime.

Qui per "fatti" si intende generalmente qualcosa che esiste, o sarebbe meglio dire, che è reale, nel senso di essere "là fuori nel mondo". Infatti, uno degli aspetti fondamentali di una posizione realista – almeno nella moderna accezione del termine – è il credere che gli oggetti che noi consideriamo esistenti, ossia reali, lo siano in modo indipendente dalle nostre pratiche linguistiche o dai nostri schemi concettuali. Quindi ciò che è reale lo è indipendentemente dalla nostra conoscenza, e dalle nostre acquisizioni epistemiche. Si supponga, per esempio, che le rocce esistano.

Secondo un realista sulle rocce, il fatto che le rocce esistono non dovrebbe dipendere dal mondo in cui ne parliamo, o dal modo in cui ne facciamo conoscenza. In altri termini, se noi non esistessimo e non esistessero quindi la nostre menti[51], le rocce continuerebbero a esistere. Sulla base di queste prime considerazioni possiamo, quindi, introdurre finalmente una prima definizione di realismo, con la quale Fine si troverebbe certamente d'accordo:

> Gli enti *a*, *b*, *c* e così via esistono, e il fatto che esistono e che hanno proprietà quale la *F-ezza*, la *G-ezza*, e la *H-ezza* [...] è indipendente dalle nostre credenze, dalle nostre pratiche linguistiche, dai nostri schemi concettuali, e così via (Miller, 2010)[52].

---

50 Si veda, per esempio, la sezione 4 dell'articolo di Fine (2001), dove si discute la cosiddetta *sfida quietista*.

51 Qui il termine "mente" è inteso semplicemente come capacità di raccogliere i dati sensibili che vengono dall'esperienza e che servono poi, per esempio, alla costituzione del mio concetto di "roccia".

52 Si veda l'articolo di Miller (2010) anche per una panoramica filosofica molto chiara sul problema del realismo.

Ovviamente questa è una definizione molto generale e meriterebbe di essere analizzata e discussa, ma credo che sia sufficiente a capire cosa Fine ha in mente quando parla di realismo. In realtà, come vedremo nella sezione sul realismo scientifico, questa definizione molto generale deve essere modificata a seconda dell'area di ricerca in cui si declina il dibattito su realismo e antirealismo. Tuttavia, dobbiamo anche notare che, come già accennato all'inizio, l'obiettivo di Fine è quello di fornire una metodologia più generale possibile per affrontare questo dibattito.

Quindi, dal suo punto di vista, il carattere generale di questa definizione non è necessariamente un problema, ma anzi sembrerebbe essere, invece, una virtù, in quanto permetterebbe di mantenere una prospettiva di lavoro che può racchiudere tutte le definizioni più specifiche di realismo (e antirealismo) come casi particolari.

In altri termini, l'idea di Fine sembrerebbe essere che, una volta che si sia trovata una metodologia valida per una formulazione così generale di realismo, questa possa essere conseguentemente valida anche per i diversi tipi di realismo "particolare" che si possono via via definire. In ogni caso, passiamo ora alla seconda nozione che Fine analizza e che permette di capire quali sono i requisiti indispensabili della realtà verso la quale dobbiamo essere, o non essere, realisti.

La seconda nozione che Fine analizza è appunto la nozione di *riduzione*. Infatti, si potrebbe sostenere che ciò che è riducibile a qualcos'altro non può far parte della nostra lista di cose che esistono, o che sono reali[53].

In questo senso, la realtà fondamentale è *irriducibile*, nel senso che non è possibile ridurla a qualcosa di più elementare o fondamentale. Si consideri ancora l'esempio delle rocce. Una roccia farebbe parte della mia lista di cose che appartengono al livello fondamentale di realtà se non fosse mai possibile individuare degli enti che siano più elementari o fondamentali della roccia, e che la costituiscono – ovvero, se appunto non è possibile *ridurla* a questi elementi.

---

[53] Vedremo più avanti che l'idea di avere una lista di cose che esistono non è l'obiettivo principale dell'analisi di Fine.

In questo caso, per esempio, potremmo considerare la struttura molecolare della roccia, e poi quella atomica, e così via, fino a raggiungere il livello di realtà che *supponiamo* essere elementare o fondamentale, ossia quello delle particelle elementari[54]. Queste ultime, ovviamente, non sarebbero riducibili a nulla di più fondamentale e sarebbero quindi lo zoccolo duro della realtà, ossia la realtà fondamentale e irriducibile di cui parla Fine.

Fine definisce come *realtà metafisica* la nozione di realtà che emerge da queste considerazioni. Abbozzando quindi una definizione, la realtà metafisica deve essere (i) *oggettiva*, nel senso di fattuale, e (ii) *irriducibile*, nel senso di fondamentale. Quindi, questa sarebbe la realtà verso la quale si può essere o non essere realisti. A questo punto è anche importante notare che mentre Fine dedica un ampio spazio alla discussione di (i), ossia della realtà come oggettiva e fattuale, dedica solo poche pagine finali all'analisi di (ii), ovvero della realtà come irriducibile e fondamentale. Questa scelta potrebbe essere motivata dal fatto che per Fine la nozione di realtà fondamentale è una nozione metafisicamente *primitiva*, ossia non ulteriormente analizzabile. In ogni caso, torneremo più avanti su questo aspetto del pensiero di Fine.

Ci sarebbero diverse questioni che Fine affronta nel suo articolo che meriterebbero di essere analizzate e discusse. Per esempio, si potrebbe discutere l'idea secondo la quale un certo tipo di antirealismo sarebbe in contraddizione con le nostre *credenze ordinarie* sul mondo esterno. È infatti interessante notare, a questo riguardo, come molti degli sforzi di Fine siano indirizzati proprio al tentativo di formulare una diversa forma di antirealismo che non sarebbe necessariamente in contraddizione con tali credenze[55].

---

54 Queste vengono, per così dire, elencate dal Modello Standard delle particelle elementari che le classifica secondo le loro proprietà. Se crediamo alla nostra fisica contemporanea e al Modello Standard delle particelle elementari, allora la lista di quelle particelle elementari rappresenta la lista dei *mattoncini fondamentali della realtà*.

55 Fine introduce un'interessante distinzione tra *antirealismo scettico e antirealismo non scettico*. *Il primo tipo di antirealismo nega l'esistenza della realtà* come indipendente da noi, anche qualora questo dovesse porre una contraddizione con le nostre opinioni ordinarie. Il secondo tipo di antirealismo, invece, cer-

Sarebbe anche interessante approfondire i diversi argomenti che Fine propone nella sua analisi del fattualismo o nella discussione delle diverse possibili definizioni di riduzione (analisi logica, riduzionismo metafisico o semantico e riduzionismo modale)[56]. Tuttavia, preferirei concentrarmi sulla fondamentale nozione di *ground* che Fine introduce come una possibile soluzione ai numerosi problemi che si incontrano nel definire il realismo in rapporto al fattualismo e alla nozione di riduzione.

Questa mossa è motivata anche dal tentativo di rispondere a quella che Fine chiama *sfida quietista*, ossia l'idea che nozioni come quella di *fattualità* e *riducibilità* siano prive di contenuto, o del tutto inutili. Secondo una posizione quietista generalmente intesa, ogni domanda circa la plausibilità del realismo o dell'antirealismo in un dato dominio di applicazione è priva di senso o inutile allo studio di quel determinato dominio. In tal caso, un dibattito metafisico significativo risulterebbe impossibile[57].

Fine, in ogni caso, crede che la nozione di *ground* permetta sia di allontanare questa minaccia, salvando così il dibattito sul realismo, sia di fondare una precisa metodologia per questo dibattito. Per questa ragione dedicherò a questa nozione la prossima sezione, cercando di sviluppare la tesi di Fine grazie a un recente lavoro di Schaffer (2009).

Nella sezione successiva, invece, cercherò di introdurre qualche considerazione sul realismo scientifico, che rimane sottotraccia in tutto l'articolo di Fine. Infatti, credo che ogni qual volta si parli di realtà fondamentale non si può prescindere da quello che ci dice la scienza circa tale realtà, essendo quest'ultima un tentativo di descrivere in modo preciso e accurato il modo in cui il mondo in cui viviamo è fatto.

cherebbe di negare l'esistenza della realtà come indipendente da noi, cercando tuttavia di rimanere coerente con le nostre opinioni ordinarie.

[56] Per queste questioni rimando quindi alla lettura del testo di Fine e ai riferimenti bibliografici lì contenuti.

[57] Si veda ancora la sezione 4 dell'articolo di Fine (2001). Torneremo brevemente su questo punto nella prossima sezione, dove parleremo della nozione di *ground*.

Per credere in una realtà fondamentale, oggettiva e irriducibile, bisogna prima sapere qualcosa di più su questa realtà. In altri termini, non credo che sia sufficiente credere che esista – o ammettere come primitiva – una realtà fondamentale, oggettiva e irriducibile (ossia essere *realisti* verso questa realtà). Al contrario, è a mio avviso necessario anche dare una descrizione – per quanto non definitiva – di quali sono e di come sono strutturati gli elementi fondamentali del mondo che consideriamo reali, nel senso di oggettivi e irriducibili.

Possiamo concedere a Fine che, secondo una prima approssimazione, tali elementi sono forniti dal nostro senso comune. Tuttavia, se vogliamo proporre un'analisi della realtà che sia filosoficamente *raffinata*, non possiamo fermarci al senso comune, ma dobbiamo prendere in considerazione i dati che la scienza ci fornisce[58]. Naturalmente, per credere nei dati che la scienza ci fornisce dobbiamo anche credere in ciò che ci dicono le nostre migliori teorie scientifiche.[59]

Per questa ragione, credo sia interessante analizzare come il dibattito sul realismo, che Fine studia nella sua formulazione più generale e metodologica, si declini quando è contestualizzato rispetto alla scienza. Si tratterà perciò di discutere di realismo scientifico, piuttosto che di realismo generalmente inteso.

2. Questioni di "ground"

2.1. Fine sulle questioni di ground

Come accennato nella sezione precedente, Fine introduce la nozione di *ground* per risolvere alcuni dei problemi che si era trovato ad affrontare nella sua analisi del dibattito sul realismo. Purtroppo Fine dedica una sezione molto breve del suo articolo alla definizione di questa nozione, e non è dunque facile capire completamente

---

58 Per un'interessante analisi metafisica del rapporto tra il nostro senso comune e ciò che ci insegna la scienza, si veda Morganti (2013).

59 La questione è, in realtà, ben più complessa di come è stata qui presentata. Mi si conceda per il momento questa prima approssimazione. Tornerò infatti, in parte, su questo argomento nella sezione sul realismo scientifico.

quali siano le caratteristiche principali di questo concetto, seppur fondamentale nell'economia della sua metafisica.

In ogni caso, Fine dedica molto spazio ad analizzare come questa nozione permetta di tradurre l'analisi delle nozioni di *fattuale* e *riduzione* in altri termini, che sono meno problematici e che sembrano almeno parzialmente risolvere alcune delle difficoltà che Fine aveva sottolineato nella definizione di quelle due nozioni[60].

Si può quindi distillare questa lunga e complessa analisi e ricavare una definizione indiretta della nozione di *ground*, e delle nozioni che da questa seguono.

Per fare questo, ci serviremo anche di un interessante lavoro di SCHAFFER (2009). Schaffer, infatti, analizza direttamente la nozione di *ground*, mostrando come essa sembri essere l'elemento essenziale della nostra indagine metafisica. Ma andiamo con ordine e vediamo prima quello che ci dice Fine.

La nozione di *ground* ci indica, almeno in una prima approssimazione, il *fondamento* di una certa proposizione o di un certo elemento della realtà. Per esempio, possiamo dire che una proposizione è *fondata* da un'altra, o da altre proposizioni, se le condizioni di verità della prima dipendono unicamente dalle condizioni di verità della seconda, o delle altre proposizioni. Analogamente, possiamo dire che un elemento della realtà è *fondato* da un altro, o da altri elementi della realtà, se la realtà del primo dipende da quello del secondo, o degli altri elementi della realtà. Quindi, una definizione generale della nozione di *ground* sarebbe quella di una nozione che ha il compito di individuare il *fondamento* – o i *fondamenti* – di un certo elemento della realtà o la *giustificazione* – o le *giustificazioni* – di una determinata proposizione.

Ora, la prima osservazione che vale la pena fare è che Fine ritiene fondamentale distinguere la nozione di *ground* da quella di *riduzione*. Infatti, Fine considera che la nozione di riduzione im-

---

60 Si veda, per esempio, la sezione 6 dell'articolo di Fine per avere un'idea di come la nozione di *ground* permette di affrontare i problemi della fattualità, offrendo una nuova prospettiva e alcune possibili soluzioni alle difficoltà che questa sembra avere quando è analizzata indipendentemente.

plica, in qualche modo, che il qualcosa che è ridotto a qualcos'altro non è reale: solo quest'ultimo lo è. L'idea è quindi che ogni qual volta è possibile ridurre un qualcosa a un qualcos'altro, stiamo in effetti mostrando come il primo elemento, ossia quello che può essere ridotto, non fa parte delle cose che sono reali.

In altri termini, si potrebbe sostenere che un elemento riducibile ad altri elementi non è reale, perché solo questi ultimi lo sono. Per esempio, se dicessimo che una roccia è riducibile all'insieme delle particelle elementari che la compongono, dovremmo concludere che la roccia non è reale e che solo le particelle elementari lo sono. Questo problema, invece, non si porrebbe per le relazioni di *ground*.

Infatti, Fine sostiene che quando facciamo considerazioni di *ground* stiamo adottando una posizione neutrale circa la realtà degli elementi coinvolti. In altri termini, stiamo solo indicando "cosa fonda cosa", ma non diciamo nulla sullo status di ciò che è fondato o di ciò che fonda, almeno non necessariamente. Quindi, tornando al nostro esempio, dire che una roccia è *fondata* dalle particelle elementari che la compongono non implica necessariamente dire che la roccia non esiste e queste ultime invece sì.

La nozione di *ground* individua quindi una *relazione esplicativa*. Se la verità di una proposizione è *fondata* da altre, allora queste *spiegheranno* la verità di quella proposizione. Se una roccia è *fondata* dalle particelle elementari che la compongono, queste *spiegheranno* la ragione per cui una roccia è fatta così e così.

Una volta chiarito questo punto e data quindi una definizione generale della nozione di *ground* e delle sue caratteristiche fondamentali, diviene importante analizzare come è possibile impostare le questioni di *ground*. In altri termini, diventa importante capire come si possono affrontare le questioni di *fondazione* delle proposizioni o degli elementi della realtà. Qui Fine propone una sorta di *breviario pratico* di come la nozione di *ground* vada utilizzata, piuttosto che definire precisamente le regole del gioco.

La prima cosa che Fine suggerisce è che dobbiamo affidarci alla nostra *intuizione*. Infatti, sostiene che noi possediamo una ricca serie di intuizioni riguardo a "cosa fonda cosa" e queste intuizioni devono guidarci nell'utilizzare la nozione di *ground*. Questo aspetto è tuttavia uno dei più problematici dell'analisi di Fine, in quanto egli non fornisce mai delle vere ragioni per le quali dovremmo avere fiducia nella nostra intuizione, tanto da fondare su di essa l'utilizzo di una delle nozioni più importanti – se non la più importante – di tutta la sua metafisica.

Fine parla più volte della *plausibilità* di una posizione e anche a riguardo della nostra intuizione sostiene che essa fornisce dei dati plausibili. Ma non mi sembra che le nozioni di *intuizione* e di *plausibilità* abbiamo una chiara definizione e che siano quindi metafisicamente rigorose. Al contrario, sono molto problematiche e, nella misura in cui Fine non ci fornire alcuna ragione precisa della loro validità, non possiamo accettare questo criterio come valido[61].

Il secondo criterio per l'applicazione della nozione di *ground* è, come accennato, che essa abbia un carattere esplicativo. Un sistema di *grounding* deve quindi essere valutato con gli stessi criteri con cui si valuta una qualsiasi rete di spiegazioni: semplicità, ampiezza, coerenza e non circolarità della spiegazione. In questo senso, dunque, le relazioni di *ground* vanno valutate caso per caso, specificando sia il preciso contesto di utilizzo, sia il *pattern* generale di spiegazione che riguarda quel determinato contesto di indagine.

2.2. "Cosa fonda cosa"

Schaffer (2009) è ben consapevole delle difficoltà della nozione di *ground*, alla quale dedica un interessante lavoro che vorrei qui brevemente analizzare per sviluppare un po' la posizione di Fine.

Schaffer inizia la sua analisi mostrando come ci possano essere due concezioni metafisiche molto diverse riguardo a quello che significa fare ontologia. La prima di queste concezioni ha il suo campione in Quine. Quest'ultimo, infatti, considera che lo scopo ultimo dell'ontologia sia quello di elencare, secondo uno slogan ormai divenuto famoso, "ciò che c'è" nel mondo.

---

61 Fine sostiene spesso che una ragione a favore dell'intuizione è che essa ci fornisce dati plausibili e, nella mancanza di dati contrari, essi vanno presi sul serio. Tuttavia, non mi sembra che questo sia un argomento sufficiente.

In altri termini, Quine crede che l'ontologia debba fornire una lista completa di ciò che esiste nel mondo e che questo possa essere fatto attraverso un'analisi di ciò che le nostre teorie scientifiche migliori postulano come esistente. In particolare, secondo una definizione più precisa, dobbiamo specificare il dominio di quantificazione che è richiesto affinché possiamo avere una irreggimentazione adeguata delle nostre teorie scientifiche migliori.

Gli elementi del dominio sono gli enti postulati dalle nostre migliori teorie, e nella misura in cui accettiamo tali teorie, questi enti sono anche gli enti verso la cui esistenza ci impegnano. Questo è quello che conta come ontologia. Il resto, commenta Schaffer, è per Quine niente più che ideologia. Questa prospettiva sull'ontologia si muove all'interno di quell'insieme di posizioni filosofiche che vedono nella metafisica fine a se stessa un problema per la conoscenza e che ne denunciano l'oscurità o la vuotezza dei contenuti, in un modo del tutto simile a quanto abbiamo visto riguardo alla posizione quietista[62].

Una secondo concezione, in un certo senso opposta a quella di Quine, è secondo Schaffer da rintracciare nella metafisica di Aristotele, e conduce a quella che può essere definita come una posizione metafisica neo-aristotelica. Secondo questa posizione, lo scopo dell'ontologia sarebbe quello di specificare "cosa fonda cosa". Si tratta quindi di specificare quali sono le *cause* e i *principi* delle *sostanze*, che sono concepite come l'*unità ultima* e *fondamentale* dell'essere o, potremmo dire, della realtà. Il criterio ontologico fondamentale in Aristotele e in queste posizioni neo-aristoteliche è, dunque, quello di *priorità ontologica*, o *dipendenza ontologica*[63].

La metodologia di questa concezione metafisica è perciò quella di fornire una *diagnostica* di quello che è fondamentale, basandosi sulla nozione di *ground* e sulle relazioni di *grounding*. Si nota quin-

---

[62] Si veda, a questo riguardo, Carnap (1956).

[63] Si veda Gill (1989) per questa interpretazione dell'ontologia e della metafisica aristotelica. Mi rendo conto che sto operando una drammatica semplificazione di queste posizioni, ma qui il punto è mostrare quale è la prospettiva generale che giustifica la fondamentalità della nozione di *ground in Fine*.

di subito come questa seconda concezione sia molto vicina a quella proposta da Fine, ed è per questa ragione che credo sia interessante analizzare brevemente quello che Schaffer ha da dire.

All'interno di questa prospettiva, le cose che esistono – ovvero, che devono essere ammesse come reali – sono i *fondamenti* (ossia gli *elementi fondamentali della realtà*), le relazioni di *grounding*, e le entità che hanno un fondamento[64]. Tuttavia, le domande su ciò che esiste sono *secondarie* rispetto alle considerazioni di *grounding*. In altri termini, specificare la *struttura gerarchica* di ciò che è reale è prioritario rispetto alla compilazione dell'elenco delle cose che esistono.

A questo riguardo, è interessante notare come anche Fine parli, nella parte finale del suo articolo, di una *struttura intrinseca della realtà*, e di come tale struttura vada indagata attraverso la nozione di *ground*. Fine giunge a concludere che, analogamente a quanto ci sembra suggerire Schaffer, una volta che si sia risposto a tutte le questioni di *grounding* – che si abbia fornito cioè una spiegazione della struttura gerarchica della realtà –, allora si potrà rispondere definitivamente anche alle questioni sul realismo e su ciò che esiste.

Schaffer definisce infatti la posizione di Fine come una *metafisica costruttivista* che esemplifica un tipo di metafisica neo-aristotelica, nella definizione che se ne è data poco sopra, e che individua tre domini fondamentali: (i) il dominio degli *elementi esistenti*, (ii) il dominio dei *dati di fatto*, ossia i *fondamenti* e (iii) il dominio dei *costruttori*, ossia le relazioni di *grounding*.[65]

Uno dei punti fondamentali della metafisica di Schaffer è, quindi, come per Fine, l'analisi della nozione di *ground*[66]. Schaffer fa proprie molte delle considerazioni di Fine che abbiamo già menzionato, e che qui non ripeteremo. Un'interessante osserva-

---

64 Ricordiamo che, per Fine, queste ultime non sono necessariamente considerabili come esistenti o reali.

65 Si veda anche Fine (1991), p. 266.

66 Ancora una volta sono costretto a non discutere numerosi interessanti punti che vengono sollevati nell'articolo di Schaffer, per i quali rimando sia alla lettura dell'articolo il questione che alla numerosa bibliografia lì menzionata.

zione che Schaffer invece propone in aggiunta a quelle di Fine riguarda la distinzione tra la nozione di *sopravvenienza* e quella di *ground*.

Secondo una definizione molto generale, la nozione di *sopravvenienza* è una *relazione ontologica* che sussiste nei casi in cui le proprietà di livello inferiore di un certo sistema *determinano* le proprietà di livello superiore. Si pensi all'idea secondo la quale gli stati mentali *sopravvengono* su quelli fisici. Questa posizione filosofica sostiene infatti che gli stati fisici del nostro cervello, per esempio gli stati neuronali, *determinano* gli stati mentali.

In altri termini, le proprietà di livello inferiore – gli stati fisici – *determinano* le proprietà di livello superiore, ossia gli stati mentali. Questi ultimi sono quindi *sopravvenienti* rispetto ai primi. Si noti però che questo non implica necessariamente che gli stati mentali siano *riducibili* agli stati fisici[67].

In ogni caso, questa distinzione tra la nozione di *sopravvenienza* e quella di *ground* riguarda in particolare le proprietà formali delle due nozioni: mentre la nozione di *sopravvenienza* è riflessiva e non-asimmetrica, quella di *ground* è irriflessiva e asimmetrica (e transitiva, tale da indurre un *ordinamento parziale* della realtà); inoltre la nozione di *sopravvenienza* è *intensionale,* mentre quella di *ground* è *iperintensionale*[68]. Cerchiamo di capire meglio cosa questo vuole dire.

Quando si sostiene che *A sopravviene* su *B*, si potrebbe anche voler sostenere che le proprietà di *A dipendono ontologicamente* dalle proprietà di *B*. Tuttavia, la nozione di *sopravvenienza* non indica una relazione di *priorità ontologica*: la sopravvenienza di *A*

---

67 Si veda McLaughlin e Bennet (2011). In ogni caso, si può comunque rilevare che la distinzione proposta da Schaffer ricorda molto da vicino la distinzione suggerita da Fine tra la nozione di *riduzione* e quella di *ground*.

68 Si veda Schaffer (2009), p. 364. Per quanto riguarda la caratterizzazione *intensionale/iperintensionale* che non verrà qui discussa, si può notare con Schaffer che, mentre ci possono essere questioni di grounding per entità necessarie (come i numeri per esempio), le affermazioni di sopravvenienza perdono di senso per tali entità.

su *B* non garantisce che le proprietà di *B* siano ontologicamente primarie rispetto alle proprietà di *A*. La relazione di *priorità ontologica* è infatti irriflessiva e asimmetrica (ossia, niente può essere ontologicamente primario rispetto a se stesso o rispetto a qualcosa che è, a sua volta, ontologicamente primario rispetto a esso). Ora, come accennato in precedenza, la nozione di *sopravvenienza* è invece riflessiva e non-asimmetrica.

La nozione di *sopravvenienza* non ha quindi le *giuste* proprietà formali per essere considerata come una relazione di *priorità ontologica*. La nozione di *ground*, al contrario, possiede le stesse proprietà formali che abbiamo ora indicato per una relazione di *priorità ontologica* ed è quindi la candidata ideale per fondare la metafisica proposta da Fine e da Schaffer.

Nonostante questa ulteriore caratterizzazione, dobbiamo notare che per Schaffer la nozione di *ground* è, in ultima istanza, *primitiva* e fornisce una *concezione strutturante primitiva della metafisica*. Questo, da una parte, salva Schaffer dai problemi di giustificare la nozione di *ground* sulla base di considerazioni che hanno a che fare con nozioni come l'*intuizione* o la *plausibilità* – problemi dai quali invece la posizione di Fine non è immune.

D'altra parte, la *primitività* della nozione di *ground* permette di fissarne una volta per tutte la definizione, e di renderla un *mattone fondamentale* di ogni indagine metafisica che riguarda l'ontologia del nostro mondo. In altri termini, la nozione di *ground* sarebbe lo strumento fondamentale per indagare la realtà e, come un meccanico non cerca una spiegazione di una chiave inglese ma la usa, allo stesso modo chi si occupa di ontologia non deve chiedere un'analisi ulteriore della nozione di *ground*, ma deve riconoscere che essa è necessaria alla comprensione della realtà.

La nozione di *ground* è quindi considerabile come un *fatto bruto* metafisico e, se si accetta l'idea per la quale l'analisi dei nostri concetti deve fermarsi da qualche parte, la nozione di *ground* è esattamente uno di questi punti dove non è più possibile, o necessaria, un'analisi ulteriore. Naturalmente, si può non essere d'accordo con tale assunzione. Tuttavia, mi sembra ragionevole ritenere, con Schaffer, che questa assunzione non è del tutto priva di senso, anche perché chi non accettasse la primitività della nozione di *ground* dovrebbe comunque assumere alcune nozioni come primitive, a meno di non interrompere completamente ogni ricerca metafisica[69].

Mettendo quindi insieme le considerazioni di Fine e di Schaffer, potremmo dire che dobbiamo considerare la nozione di *ground* come primitiva – ossia non ulteriormente analizzabile – e fondamentale alla nostra impresa metafisica. Quindi lo scopo ultimo della metafisica sarebbe esattamente quello di indagare la realtà attraverso la nozione di *ground*.

Come accennavo nella parte finale dell'introduzione, non credo che sia però sufficiente parlare di una "realtà" definita in modo così generale e, aggiungerei, vago come quello proposto da Fine. Penso infatti che si debba fornire una descrizione il più specifica possibile di quello che si intende con il termine "realtà" e questo può essere fatto, a mio avviso, solo grazie alla considerazione di quello che la scienza ci dice sul mondo. Ma affinché possiamo prendere sul serio quello che la scienza ci dice sul mondo, dobbiamo essere giustificati a credere nelle nostre migliori teorie scientifiche. Quindi, nella prossima sezione, cercherò di introdurre brevemente i problemi specifici del realismo scientifico.

3. Una breve introduzione alla questione del realismo scientifico

Nella parte precedente del mio articolo ho cercato di commentare il lavoro di Fine, mostrandone i punti deboli. Ho inoltre cercato di analizzare più da vicino la nozione di *ground* che riveste un ruolo così importante nella metafisica di Fine. Ora, discussi gli strumenti con cui si può indagare la realtà, è necessario capire cosa si intende con il termine stesso di "realtà".

---

[69] Inoltre, Schaffer suggerisce come sia possibile mostrare che anche una posizione *à la* Quine si basa, in ultima istanza su una metafisica di matrice neo-aristotelica. Infatti, Schaffer mostra come in ogni fase dell'indagine ontologica di Quine sia rintracciabile una *presupposizione aristotelica*: le domande circa ciò che esiste sarebbero in effetti domande su ciò che è fondamentale e dunque sulla *struttura gerarchica* della realtà. Si veda Schaffer (2009) per i dettagli dell'analisi.

In altri termini, si deve cercare di "riempire" quel termine con una descrizione precisa di ciò che abbiamo in mente quando parliamo di realtà. Io suggerisco di intendere il termine "realtà" alla luce di quanto la scienza ci dice sul mondo in cui viviamo. La *realtà* è quindi quel qualcosa che esiste indipendentemente da noi e che può essere descritto adeguatamente dalla nostra scienza migliore.

In questo senso, se si accetta l'idea che la scienza ci fornisce uno sguardo *privilegiato* sulla realtà, si nota subito come la questione generale del realismo si traduca nella questione del realismo scientifico. Difatti credere alla nostra scienza e alla descrizione che ci dà della realtà significa anche credere che le nostre teorie scientifiche siano una valida *rappresentazione* (almeno *approssimativamente vera*) della realtà. Del resto, credo che si possa concordare con Einstein sul fatto che "la fisica è un tipo di metafisica; la fisica descrive la realtà. Ma noi non sappiamo cosa sia la realtà; noi la conosciamo solo grazie alla descrizione fisica!"[70].

Come vedremo, ci sono numerosi argomenti a favore del realismo scientifico, ma anche numerosi argomenti che sembrano suggerire che le nostre teorie scientifiche non siano una vera e propria rappresentazione della *realtà*, ma che al massimo vadano considerate come degli utili strumenti di indagine. La letteratura sul realismo scientifico è sterminata e non è possibile analizzare tutti gli argomenti che sono stati discussi in tale dibattito. Mi concentrerò quindi su una breve presentazione introduttiva di quelli che sono i principali argomenti nella loro formulazione tradizionale[71].

In primo luogo, si può definire il realismo scientifico come una forma di realismo riguardo a quello che le nostre teorie scientifiche descrivono e, in particolare, riguardo ai termini *non osservabili* – ossia i cosiddetti *termini teorici* – che compaiono nelle nostre teorie scientifiche. Dopo questa primissima definizione generale, si possono individuare tre possibili ulteriori specificazioni. In primo

---

[70] Lettera di Einstein a Schroedinger del 19 giugno del 1955, citata in Karakostas (2012), p. 61.

[71] Per una panoramica generale sul realismo scientifico, si veda Chakravartty (2011).

luogo, va individuata un'accezione *metafisica* di realismo scientifico secondo la quale il realismo scientifico ci impegnerebbe a credere in un mondo indipendente dalla nostra mente e descritto dalla
scienza.

In secondo luogo, si ha un senso *semantico*, secondo il quale il
realismo scientifico è un'*interpretazione letterale* delle affermazioni
che la scienza fa sul mondo. Infine, si può considerare un senso
epistemologico, secondo il quale il realismo scientifico affermereb-
be che i *termini teorici* costituiscono una conoscenza adeguata del
mondo[72]. Ora, data questa definizione, passerò brevemente in
rassegna i principali argomenti che sono stati proposti a favore e
contro il realismo scientifico. Quella che segue sarà una presentazione molto schematica che ha il solo scopo di mostrare quali sono
i problemi specifici del realismo scientifico e non avrà quindi una
pretesa di completezza (né di originalità).

L'argomento che maggiormente viene citato a favore del realismo scientifico è l'ormai famoso *argomento niente miracoli* formulato originariamente da Putnam (1975). L'assunzione iniziale di
questo argomento è che le nostre migliori teorie scientifiche abbiano un grande successo empirico e predittivo, e che mostrino perciò
una grande accuratezza nelle loro spiegazioni dei fenomeni.

Generalmente non si considera problematica questa assunzione,
nel senso che anche un antirealista deve ammettere che effettivamente la scienza ha un grande successo empirico e predittivo. Ora,
continua l'argomento, cosa può spiegare questo incredibile successo? Una possibile risposta a questa domanda sarebbe che le nostre
teorie scientifiche sono vere (o almeno *approssimativamente* vere) e
quindi rappresentano la realtà in modo adeguato – ossia, esse de-
scriverebbero adeguatamente un mondo indipendente dalla mente.

---

72 Si deve menzionare anche un'altra importante specificazione che distin-
   guerebbe due diversi *target* del realismo scientifico. Da un lato, c'è la posizione che crede che il realismo scientifico riguardi i traguardi epistemici
   raggiunti grazie alle teorie scientifiche (si veda, a questo riguardo, Psillos
   (1999) e Chakravartty (2007). Dall'altro lato, c'è la posizione che crede
   che il realismo scientifico riguardi gli scopi epistemici delle teorie scientifiche (si veda Lyons (2005)).

Questa è la posizione che in effetti sosterrebbe un realista. Infatti, se così non fosse e le teorie scientifiche fossero lontane dal descrivere la realtà in modo adeguato, il loro successo empirico e predittivo sarebbe *miracoloso*. In altri termini, la loro aderenza esplicativa alla realtà e la loro capacità predittiva sarebbero spiegabili solo grazie a un qualcosa di miracoloso; e tra una spiegazione realista e una spiegazione miracolosa, sarebbe più *razionale* optare per la spiegazione realista e pensare che le nostre teorie sono (approssimativamente) vere.

Naturalmente sono state avanzate delle obiezioni a questo argomento. Per esempio, van Fraassen (1980) e, recentemente, Wray (2007, 2010) hanno sostenuto che le nostre teorie scientifiche sono come degli *organismi ben adattati* e che solo le teorie con maggiore successo empirico e predittivo sopravvivono (in modo analogo alla dinamica evolutiva che riguarda organismi e selezione naturale). Inoltre, adottando una *teoria pragmatista* della spiegazione, non dovremmo nemmeno spiegare perché una determinata teoria ha un maggiore successo e quindi sopravviverà[73]. Un'altra possibile obiezione all'*argomento niente miracoli* concerne la cosiddetta *base rate fallacy*[74].

Secondo questa obiezione, il successo di una teoria non è sufficiente per concludere che essa è (approssimativamente) vera, e dato che non esiste alcuna ragione indipendente per conoscere quale sia la media delle teorie che sono approssimativamente vere, non si può mai determinare la probabilità che essa sia (approssimativamente) vera[75]. Queste obiezioni non sono, ovviamente, conclusive, ma rendono più debole l'*argomento niente miracoli*, mostrando delle difficoltà interpretative che si trova a dover fronteggiare.

Un altro argomento che spesso è usato in favore del realismo scientifico riguarda la *corroborazione* delle entità non osservabili.

73 Si veda Van Fraassen (1980), cap. 5.

74 Si vedano Huwson (2000) e Lipton (2004). "Base rate fallacy" può essere tradotto in italiano con "fallacia della media base".

75 Worrall (2009) contesta questa obiezione, sostenendo che essa dipende da una fuorviante formalizzazione dell'*argomento niente miracoli* in termini probabilistici.

In altri termini, il fatto che una stessa entità non osservabile sia rilevata da diversi modi di rilevazione (anche se indiretti) fa sì che sarebbe una coincidenza straordinaria (ancora una volta quasi miracolosa) se in effetti questa entità non esistesse.

Inoltre, maggiori sono le diverse tecniche di rilevazione per una determinata entità non osservabile, maggiore sarà la fiducia che dovremmo riporre nell'esistenza di tale entità. Tuttavia, a questo si potrebbe obiettare che le tecniche di rilevazione sono state ideate esattamente per rilevare ciò che si vuole rilevare mostrando quindi una possibile *circolarità* dell'argomento. Inoltre, il fatto che il rilevamento avviene solo in modo indiretto mostrerebbe come, in realtà, anche questo argomento non è conclusivo, dato che avremmo solo delle prove indirette dell'esistenza di entità non osservabili e questo non è sufficiente per giustificare una nostra credenza in quelle teorie scientifiche che postulano tali entità.

Passando al lato antirealista della barricata, possiamo notare che gli argomenti che invece sono solitamente usati contro il realismo scientifico sono essenzialmente due.

In primo luogo, c'è l'argomento della *sottodeterminazione* delle teorie da parte dei dati. Possiamo esporre l'argomento nel modo seguente. Si immagini di chiamare "teorie scientifiche" l'insieme delle credenze scientifiche che possediamo. Si supponga anche che differenti "teorie scientifiche" sono in accordo con i dati empirici che possediamo. Si supponga inoltre che i dati empirici che possediamo esauriscono l'evidenza empirica che ci è necessaria per avere una credenza scientifica. Allora, non avremmo alcuna ragione per credere che una "teoria scientifica" sia vera e un'altra falsa. In altri termini, la scelta di quale teoria scientifica sia vera è *sottodeterminata* dai dati empirici di cui siamo in possesso. Infatti, se due teorie scientifiche sono empiricamente equivalenti e l'unico criterio di scelta è empirico, allora non avremmo alcuna ragione per credere alla verità di una e alla falsità dell'altra.

Si può comunque provare a rispondere a questo argomento tracciando una distinzione tra *sottodeterminazione in pratica* (ossia ad un certo tempo preciso della storia della scienza) e *sottodeterminazione di principio*. Nel primo caso, infatti, si potrebbe dire che la sottodeterminazione sussiste solo perché non si hanno ancora dati sufficienti per decidere quale teoria scientifica sia effettivamente vera[76]. Tuttavia, si potrebbe anche insistere sul fatto stesso che una *sottodeterminazione di principio* è sempre possibile, dato che è sempre plausibile concepire un insieme di teorie scientifiche empiricamente equivalenti.

Il secondo argomento utilizzato contro il realismo scientifico è la cosiddetta *meta-induzione pessimista*. Se si considera la storia delle teorie scientifiche, quello che si nota è che a mano a mano che la scienza evolve si ha una continua sostituzione di teorie precedenti con nuove teorie scientifiche. Ora, se si considerano le nuove teorie scientifiche come quelle più accurate e come, in un certe senso, delle correzioni delle teorie precedenti[77], si deve necessariamente concludere che queste ultime erano teorie scientifiche false. Inoltre, *induttivamente*, è possibile sostenere che anche le nostre teorie scientifiche correnti saranno prima o poi sostituite da teorie più giuste e, quindi, si può concludere che anche esse sono false, nonostante il loro *apparente* successo empirico[78].

Un possibile modo di rispondere a questo argomento è quello di adottare una *strategia selettiva*. L'idea fondamentale è quella di riconoscere che, nonostante ci sia una *discontinuità* riguardo al riferimento semantico dei termini che le nostre teorie scientifiche adottano, tuttavia si può rintracciare una *continuità* riguardo ciò che riguarda propriamente il realismo scientifico. In altri termini, non dobbiamo essere realisti sulle nostre teorie scientifiche *in toto*, ma esclusivamente su alcune *componenti essenziali* di esse. Esistono diverse posizioni che difendono questa tesi, e vorrei concludere il mio articolo concentrandomi su quella che ha riscosso maggiore successo nella letteratura degli ultimi anni[79]: il *realismo strutturale*.

---

[76] Questa posizione è, secondo Chakravartty (2011), coerente con una forma di realismo "aspetta e vedi".

[77] Potremmo infatti sostenere che le nuove teorie scientifiche sono *più giuste di quelle precedenti*.

[78] Si veda Laudan (1981).

[79] Per quanto riguarda le altre posizioni si veda ancora Chakravartty (2011).

L'idea fondamentale del realismo strutturale è che il nostro *impegno realista* riguarda le *strutture* con le quali descriviamo il mondo non osservabile e la specificazione di queste strutture è il compito fondamentale della scienza. In altri termini, le nostre teorie scientifiche identificano un insieme di *relazioni fondamentali*, di *strutture* appunto, che ci permettono di descrivere il mondo e queste sono ciò verso cui dobbiamo impegnarci, ovvero, verso cui dobbiamo essere realisti.

La prima formulazione di questa forma *raffinata* di realismo scientifico è stata proposta da Worrall (1989). Worrall, infatti, sostiene che non possiamo accettare una formulazione tradizionale di realismo scientifico che affermi che le entità non osservabili che causano i fenomeni che osserviamo siano effettivamente descritte dalle nostre teorie scientifiche migliori. Infatti, come abbiamo visto, questa concezione tradizionale di realismo scientifico ha numerosi problemi che non è facile risolvere.

Tuttavia, nemmeno possiamo essere antirealisti riguardo alla scienza, dato che la sua capacità predittiva ci fornisce, per esempio, delle ragioni per credere che non sia solo uno strumento per compiere dei calcoli. La scelta che dobbiamo compiere è quindi quella del realismo strutturale che appunto incarna "il meglio dei due mondi". In particolare, Worrall suggerisce di impegnarci *epistemicamente* solo rispetto al *contenuto strutturale* delle nostre teorie scientifiche. Infatti, tale contenuto sembra (parzialmente) resistere al *cambio* di teorie scientifiche a cui si assiste nella storia della scienza. In altri termini, il realismo strutturale contemporaneamente evita la *meta-induzione pessimista* (non impegnandosi sulla realtà dei termini contenuti nelle nostre teorie scientifiche) e non rende il successo della scienza miracoloso (impegnandosi verso l'idea che la *struttura* di una teoria descrive il mondo, al di là del suo contenuto empirico)[80].

---

[80] Naturalmente, ci sono numerose questioni che sarebbe il caso di analizzare riguardo al realismo strutturale. In primo luogo, l'importante distinzione introdotta da Ladyman (1998) tra *realismo strutturale epistemico* (possiamo accedere epistemicamente solo alle strutture che governano il mondo, mentre le entità che "sono governate" da tali strutture non sono

Concludendo questa sezione, si può affermare che questa formulazione di realismo scientifico nei termini di un realismo strutturale è la formulazione più *raffinata* che possediamo al momento e, per questa ragione, è divenuta la formulazione che non si può ignorare se si vuole affrontare il dibattito sul realismo scientifico.

Conclusioni

Quale morale si può dunque trarre da queste considerazione generali sul problema del realismo e del realismo scientifico in particolare? Credo che essenzialmente siano due. Innanzitutto, si deve riconoscere che per poter avere un'idea chiara di quello a cui ci riferiamo con il termine "realtà" dobbiamo considerare ciò che la scienza di dice sul "mondo là fuori".

Dobbiamo, quindi, declinare il dibattito sul realismo nel dibattito sul realismo scientifico. Dobbiamo perciò concentrarci sulla risoluzione delle questioni che quest'ultimo solleva e credo che una concezione di realismo scientifico nei termini di un realismo strutturale vada nella giusta direzione, anche se ovviamente deve ancora risolvere numerosi problemi.

In secondo luogo, l'analisi metodologica proposta da Fine ha ancora la sua validità, nel senso che per *fondare* una forma di realismo, o di realismo scientifico (anche nella sua versione strutturale), che sia credibile, dobbiamo anche e soprattutto affrontare le questioni che riguardano la *struttura gerarchica* della realtà. In altri termini dobbiamo, per dirla con Schaffer, definire "cosa fonda cosa". E anche in questo caso, il realismo strutturale ci può venire incontro, aiutandoci a identificare la *rete relazionale*, ossia *strutturale*, grazie alla quale le nostre teorie scientifiche descrivono il mondo.

---

mai accessibili) e *realismo strutturale ontico* (le strutture sono tutto quello che c'è: ogni altra domanda su una realtà dietro di esse è priva di senso). In secondo luogo, ci si potrebbe interrogare sulla *natura metafisica delle strutture* che vengono considerare, in particolare se optiamo per una formulazione ontica del realismo strutturale (Morganti 2011). Per avere un'idea di queste questioni, si può consultare anche Laydman (2014).

Ovviamente, questo articolo vuole essere solo una prima introduzione a queste tematiche. Spero, tuttavia, che le questioni che
sono sul tavolo siano ora un poco più chiare, dato che in filosofia
è spesso più importante formulare bene le questioni piuttosto che
trovare delle risposte.

Bibliografia

Brigandt, I. e Love, A., *Reductionism in Biology*, in *Stanford Encyclopedia of Philosophy*.

Carnap, R. (1956), *Empiricism, Semantics, and Ontology*, in *Meaning and Necessity*, Chicago, University of Chicago Press, 205-
221.

Chakravartty, A. (2007), *A Metaphysics for Scientific Realism:
Knowing the Unobservable*, Cambridge, Cambridge University
Press.

Chakravartty, A. (2011), *Scientific Realism*, in *Stanford Encyclopedia of Philosophy*.

Fine, K. (1991), *The Study of Ontology*, in "Noûs", 25: 263-294.

Fine, K. (2001), *The Question of Realism*, in "Philosopher's Imprint", 1: 1-30.

Gill, M.L. (1989), *Aristotle on Substance: The Paradox of Unity*,
Princeton, Princeton University Press.

Howson, C. (2000), *Hume's Problem: Induction and the Justifica-
tion of Belief*, Oxford, Oxford University Press.

Karakostas, V. (2012), *Realism and Objectivism in Quantum Me-
chanics*, in "Journal for General Philosophy of Science", 43 (1):
45-61.

Ladyman, J. (1998), *What is Structural Realism?*, in "Studies in
History and Philosophy of Science", 29: 409-424.

Ladyman, J. (2014), *Structural Realism*, in *Stanford Encyclopedia
of Philosophy*.

Laudan, L. (1981), *A Confutation of Convergent Realism*, in "Philosophy of Science", 48: 19-48.

Lipton, P. (2004), *Inference to the Best Explanation*, Londra, Routledge.

Lyons, T.D. (2003), *Explaining the Success of a Scientific Theory*, in "Philosophy of Science", 70: 891-901.

Lyons, T.D. (2005), *Towards a Purely Axiological Scientific Realism*, in "Erkenntnis", 63, pp. 167-204.

McLaughlin, B. e Bennet, K. (2011), *Supervenience*, in *Stanford Encyclopedia of Philosophy*.

Miller, A. (2010), *Realism*, in *Stanford Encyclopedia of Philosophy*.

Morganti, M. (2011), *Is there a Compelling Argument for Ontic Structural Realism?*, in "Philosophy of Science", 78 (5), pp. 1165-1176.

Morganti, M. (2013), *Combining Science and Metaphysics. Contemporary Physics, Conceptual Revision and Common Sense*, Palgrave Macmillan.

Psillos, S. (1999), *Scientific Realism: How Science Tracks Truth*, Londra, Routledge.

Putnam, H. (1975), *Mathematics, Matter and Method*, Cambridge, Cambridge University Press.

Quine, W.V.O. (1963), *On What There Is*, in *From a Logical Point of View*, Harper & Row, pp. 1-19.

Schaffer, J. (2009), *On What Gounds What*, in D. Chalmers, D. Manley e R. Wasserman (a cura di), *Metametaphysics*, Oxford, Oxford University Press, pp. 347-383.

Van Fraassen, B.C. (1980), *The Scientific Image*, Oxford, Oxford University Press.

Wray, K.B. (2007), *A Selectionist Explanation of the Success and Failures of Science*, in "Erkenntnis", 67, pp. 81-89.

Wray, K.B. (2010), *Selection and Predictive Success*, in "Erkenntnis", 72, pp. 365-377.

Worrall, J. (1989), *Structural realism: The best of both worlds?*, in "Dialectica", 43, pp. 99-124.

Worrall, J. (2009), *Miracles, Pessimism, and Scientific Realism*, in *PhilPapers Archive*.

SEZIONE 3
REALISMO E SCIENZE SOCIALI

Il realismo nelle scienze sociali

di Margaret Archer

Traduzione italiana a cura di *Santino Cundari*

"Ma la realtà sociale è differente...". Poco cambia se tale proposizione deriva dalle viscere del fenomenalismo popolare (ovvero la sensazione che i giocatori di calcio hanno a che fare con qualcosa di molto diverso dalle palle da biliardo), o da una di quelle tradizioni filosofiche che hanno accentuato l'intrinseca significatività della società e la dipendenza dall'attività (ovvero i principali modi di sostenere che la vita sociale non è un qualcosa di auto-sussistente come la natura), questa affermazione di *differenza*, comunque, ci impedisce di passare *direttamente* dalla Parte I alla Parte II (cfr. Archer, Bhaskar, Collier, Lawson, Norrie 1998)[81].

La ragione che sottostà a questo embargo, riguarda una qualche impossibilità legata al *naturalismo*; le ontologie dei mondi *naturali* e *sociali* sono così distinte che precludono qualsiasi versione di una pretesa "unità del metodo".

Non sorprende che, coloro che per primi hanno sostenuto la suddetta *unità del metodo*, nonché tentato di trasformare lo studio della società da una mera speculazione a "scienza sociale", si siano spesi nel vanificare le differenze ontologiche tra realtà sociale e naturale.

Comte fu prototipico in tale prospettiva e la sua terminologia pienamente rivelatoria: fissata dalla meccanica newtoniana, egli immaginava la sua diretta parallela nella "fisica sociale". Dopo esser stata rinominata come *la sociologie*, la sovranità che accordò a

---

81 La Archer fa riferimento alle parti del testo da cui è tratto il saggio che proponiamo.

139

questa regina delle scienze le derivò dal suo essere onnicomprensiva di tutti gli altri soggetti-argomenti. L'immagine descritta è quella di un impero il cui sole non tramonta mai sugli sforzi di trovare in ogni dominio gli equivalenti della seconda legge della termodinamica.

Fin dall'inizio, dunque, la "scienza" della società si è basata su un processo mimetico incorporato nel progetto empirista (che pertanto incatenava gli osservabili al livello degli eventi) ed era consacrata alla ricerca di congiunzioni costanti (che, conseguentemente, stabiliva per correlazioni ed evitava meccanismi causali sul modello di spiegazione newtoniano-humeano).

Simultaneamente, tale approccio portava a rifiutare ogni concezione della sociologia intesa come regina di cuori, non solo perché l'ermeneutica ricadeva nello scientismo, ma soprattutto perché gli uomini e le donne erano ridotti al "materiale indeterminato" di Durkheim. In quanto esseri plasmati dalle proprietà olistiche della società, essi diventano completamente non interessanti, tranne che al livello della socializzazione. Intesi come "carne e sangue", le persone sono (filogeneticamente) oggetto della biologia e (ontogeneticamente) dell'anatomia e dei loro successivi equivalenti.

Il realismo critico accetta la sfida della differenza ontologica tra realtà sociale e realtà naturale, anch'esso resiste al passaggio *diretto* dalla parte I alla parte II, e si dissocia completamente dall'empirismo che è tradizionalmente fondativo per la "sociologia scientifica". Come ha spesso osservato lo stesso Roy Bhaskar, il suo libro si sarebbe potuto intitolare *L'impossibilità del naturalismo* (Bhaskar 1989b: 28)[82], giacché esso *non* esorta all'unità del metodo, se essa è intesa in sinonimia rispetto alla "unità della metodologia" nella tradizione positivista.

---

82 Tutte le citazioni presenti nel testo di Margaret Archer sono state da noi tradotte. Nonostante ciò, abbiamo ritenuto importante indicare alcune edizioni italiane dei testi di Roy Bhaskar, quale pensatore a fondamento del *realismo critico*.

Quest'ultima può essere approssimativamente rappresentata con la formula "Osservazione + Correlazione = Spiegazione + Predizione". Essa permette di tradurre sia la realtà sociale sia quella naturale, così come le differenze che intercorrono tra di esse. Abbiamo già visto nella Parte I che una teoria realista della scienza rompe con i suddetti termini ed equivalenze. Piuttosto, essa sostituisce l'indagine sui meccanismi generativi non osservabili il cui potere può esistere anche se non esercitato o essere esercitato senza la realizzazione, cioè con risultati variabili dovuti alla varietà delle contingenze che intervengono e che non possono essere soggette alla chiusura di un laboratorio.

Nel realismo sociale è quintessenziale che la società sia un sistema aperto: e non nei termini annacquati dei libri di testo sui metodi che mettono in guarda circa le difficoltà di controllo delle variabili esterne. Nel migliore dei casi, a questo punto del (insormontabile) problema, si tratta di introdurre chiusure *estrinseche* all'interno del sistema sociale, o in qualsiasi parte di esso. Quello che si trascura sono le origini *intrinseche* di apertura, che ontologicamente ne precludono ogni chiusura. Per il realista, l'unico fattore che garantisce che i sistemi sociali rimangano aperti (e che limita esperimenti mentali di chiusura) è che essi sono necessariamente popolati.

Poiché il realismo insiste su una visione stratificata del sociale, come di qualsiasi altra realtà, di conseguenza ci sono proprietà e poteri particolari delle le persone che includono riflessività e creatività verso qualsiasi contesto sociale con il quale si confrontano. Se, *per assurdo*, potessimo chiudere la porta di qualsiasi situazione sociale contro l'intervento di fattori estranei a essa (dunque una chiusura estrinseca) avremmo chiuso a quelle situazioni la cui capacità innovativa consente di progettare una nuova uscita o un modo creativo per ridisegnare il loro ambiente (un'assenza di chiusura intrinseca). Non vi è, in sintesi, nessuna cosa come un ordine chiuso nella società, perché non solo i ricercatori, ma anche gli abitanti, possono impegnarsi in esperimenti mentali e metterli in pratica. Questa è la punta di un iceberg in cui sono interessate le differenze ontologiche tra realtà naturale e sociale.

La realtà sociale è così diversa che – *vexata quaestio* – può essere espressa come un rompicapo: che cos'è ciò che si basa sull'azione umana intenzionale ma che mai è conforme a tali intenzioni? Che cos'è ciò che dipende dalle concettualizzazioni delle persone, ma che quest'ultime non conoscono mai pienamente? Che cos'è ciò che è sempre dipendente dall'attività, ma che non corrisponde mai fedelmente alle attività più potenti? Che cos'è ciò che senza di noi non possiede forma organizzativa, ma che costituisce noi, i suoi creatori? E che cos'è ciò la cui costituzione non soddisfa i disegni precisi di nessuno, ma che proprio per questo motivo stimola il tentativo della sua ricostituzione? Questo è l'enigma conosciuto come *structure and agency* e la sua soluzione definitiva preclude lo scientismo, anche per chi crede in esso nei riguardi della scienza.

Al contrario, ci sono state prospettate quattro soluzioni importanti che rimangono attuali, sebbene soggette a valutazioni fluttuanti (cfr. Porpora, 1989). In esse, appare chiaro che la società non sia mai stata a corto di ontologi e di forti tradizioni che affermano che i componenti ultimi della realtà sociale siano un qualcosa di completamente diverso. Storicamente, i primi due contendenti individuano tali componenti nei termini di *agency* e *structure*.

Essi vengono rappresentati all'interno vecchio dibattito tra individualismo e collettivismo, che è stato già ben articolato nel XIX secolo. Così, per J. S. Mill,

[gli] uomini in uno stato di società sono ancora uomini. Le loro azioni e le loro passioni obbediscono alle leggi della natura individuale dell'uomo. Gli uomini non sono, una volta riuniti, convertiti in un altro tipo di sostanza con proprietà diverse (Mill, 1884, p. 573).

Al contrario, per Comte,

la società non è più scomponibile in individui quanto una superficie geometrica in linee, o una linea in punti (Comte, 1951, vol. II, p. 181).

In questa prospettiva i termini del vecchio dibattito furono fissati con gli Individualisti a sostegno di un programma riduzionista, tale che gli ultimi costituenti ontologici del mondo sociale erano i "singoli individui" le cui spiegazioni rappresentavano il *terminus* delle spiegazioni. Ogni contributo in questa sezione rifiuta l'ontologia sociale individualista e il riduzionismo che è trasmesso – alla maniera di un principio – al programma esplicativo dell'individualismo metodologico. Dell'argomento se ne può parlare a lungo (in merito a questo rimando al secondo capito del mio *Realist Social Theory*, Archer, 1995), ma l'obiezione principale al riduzionismo è catturata sinteticamente dal commento di Bhaskar che afferma che:

> I predicati che designano proprietà speciali per le persone, presuppongono, per il loro impiego, un contesto sociale. Degli indigeni implicano una tribù, l'incasso di un assegno di un sistema bancario. La spiegazione, sia tramite la sussunzione per mezzo di leggi generali, l'avversione verso le motivazioni e le regole, o la ridescrizione (identificazione), implica sempre predicati irriducibilmente sociali (Bhaskar, 1989b).

Le carenze della risposta Collettivista, nel dibattito degli anni tra il 1950 e il 1960, sono da attribuire ad una fondamentale timidezza ontologica, essendo i suoi difensori tormentati dello spettro della reificazione e ostacolati dalla necessità di dimostrazione empirista. I riferimenti ai "fatti sociali" sono dunque difesi, ma come "rimanenze" inestirpabili, senza le quali le descrizioni Individualiste sono obbligatoriamente incomplete. Allo stesso modo le loro spiegazioni si scontrano con "concetti non ridotti", che devono essere incorporati ogni volta che le regole di composizione – destinate a ridurre il "comportamento di gruppo" nel comportamento individuale interno ai gruppi – si spezzano, come avviene la maggior parte delle volte (cfr. Mandelbaum, 1973).

Invece di avanzare una forte ontologia della "struttura sociale", i Collettivisti giocano metodologicamente in difesa, introducendo la "struttura" come un insieme eterogeneo di fattori che sono addotti solo quando le spiegazioni individualiste falliscono. Eppure, quando questi fattori strutturali sono introdotti, le domande riguardo al proprio statuto ontologico non possono essere evitate. C'era il timore che l'affermazione della loro realtà permettesse l'esistenza di una nuova sostanza sociale, oppure designasse entità prodotte dalla stessa società, indipendentemente dalle azioni delle persone che ancora erano considerate come una forza sovraordinata rispetto agli attori.

Per evitare queste obiezioni, la tendenza fu quella di ripararsi ontologicamente tramite l'*euristica* – che rivendica soltanto di essere utilizzata come un utile costrutto mentale. Questa manovra difensiva può essere rilevata nei simili lavori pionieristici di David Lockwood e di Walter F. Buckley degli anni sessanta. Quest'ultimi hanno preferirono teorizzare l'influenza causale delle proprietà sistemiche, proprio al fine di esaminare l'interazione tra le "parti" della società e degli 'individui', eppure entrambi cominciarono rifugiandosi dietro dispositivi euristici (cfr. Lockwood, 1964)[83].

Gellner in ciò è molto esplicativo, perché dubita chiaramente che le proprietà e i poteri strutturali siano adeguatamente rappresentati da costrutti mentali e in merito sostiene: «Sono, in qualche modo, docilmente tentato di dire che siano "davvero lì"» (Gellner, 1971).

Non che la migliore categoria di collettivisti fosse disposta a riconoscere le proprietà *relazionali* come influenti, né che ignorasse che il loro *status* era quello delle proprietà emergenti; il problema era che quest'ultime non erano conoscibili in termini empirici, tramite i da-

---

83 Nel rispondere alla domanda «che cosa sono gli "elementi costitutivi" dei sistemi sociali che generano uno sforzo, una tensione o una contraddizione?» (p. 250), Lockwood prima risponde che la distinzione tra queste proprietà è «solo un mero artificio» (p. 245), e ancora, cinque pagine dopo quest'affermazione euristica, lascia il posto alla pretesa ontologica e metodologica che il sociale e la sistemica siano «non soltanto analiticamente separabili, ma anche per gli elementi temporali coinvolti, di fatto distinguibili» (p. 250). William Buckley si è posto la medesima domanda euristica in *Sociology and Modern Systems Theory*, Prentice Hall, New Jersey, 1967, affermando che «la "struttura" è un costrutto astratto, non qualcosa di distinto dal processo interattivo dinamico, ma piuttosto una temporanea, rappresentazione accomodante di sé in qualsiasi momento». Tuttavia, nell'imminente raccolta delle sue opere (1998), *Society: A Complex Adaptive System*, l'autore fornisce una descrizione del sistema senza compromessi realisti, dal momento che è definito come «un complesso di elementi o componenti direttamente o indirettamente collegati in una rete di interrelazioni di vario genere, tale da costituire un tutto dinamico *con le proprietà emergenti*» (p. 36, nota e corsivo di M. Archer).

ti sensoriali, poiché non osservabili. Il modo di parlare di proprietà emergenti è, semplicemente, quello di fare riferimento a quelle entità che entrano in essere attraverso la combinazione sociale.

Esse esistono in virtù di interrelazioni (anche se generalmente non quelle impersonali) e non tutti i rapporti sociali danno loro luogo (si può confrontare la divisione del lavoro di Adam Smith tra i *pin makers*, che generano la forza della produzione di massa, e il lavoro delle api che non lo fa). Ora, mentre la divisione del lavoro nella fabbrica di spilli può anche essere accettabile in materia di contabilità grazie all'aumento di cento volte della produttività (i lavoratori osservabili più alcune regole di composizione), spesso tendiamo a parlare *dei risultati dei risultati* di tali proprietà emergenti, ossia della loro combinazione *in quanto* emergenti (così come Adam Smith voleva collegare l'emergere della produzione di massa alla "ricchezza delle nazioni" e a tutto ciò che derivava dal loro ordine gerarchico, ancora una volta relazionale).

Eppure la realtà dei concetti relazionali non può essere fissata sul criterio percettivo dell'empirismo; l'alternativa è quella di dimostrare la loro efficacia causale, cioè impiegare un criterio causale per stabilirne la realtà. Qui la concezione empirista della causazione, nei termini delle congiunzioni costanti humeane al livello osservabile degli eventi, raffigura un altro blocco. Per le "strutture internamente connesse" si possono rilevare poteri non esercitati a causa d'interventi contingenti, inestirpabili dai sistemi aperti, e quindi 'proprietà emergenti' che non sono necessariamente o solitamente dimostrabili tramite una qualche regolare covarianza degli eventi osservabili, poiché conducono spesso a un mancato stabilimento di una pretesa realtà del criterio causale empirista.

Solo con la fine dell'egemonia empirista e l'indebolimento del dominio positivista, è divenuto possibile non schierarsi né con l'individualismo, né con il collettivismo. Ciò che andò storto con la sociologia (intesa come teorizzazione del sociale in generale) è fondamentalmente dovuto a un disincanto ontologico e una relazione sempre più torrida con l'epistemologia.

Tutto questo ha anche tagliato gli ormeggi con la realtà (o con la sua analisi) nel rinato idealismo del "discorsivo" e negli associati dispositivi e disegni di persuasione retorica – la "metodologia" dell'errata *svolta linguistica*. Poiché non c'è innocenza in chi ha commesso la fallacia epistemica implicata nel motto «tutto nella nostra vita sociale... si può dire debba diventare culturale»[84] (e perché sul piano ontologico la cultura dovrebbe essere considerata come un testualismo plastico?). I "miti" esplicativi sono passati ma la retorica delle narrazioni è ancora lì, soprattutto nella più grande produzione di storie per i tempi considerati come i più importanti di sempre, vale a dire il superamento di tal entità omogenea chiamata "modernità" e l'avvento del "post-moderno".

Da qui il montaggio retorico di parvenza foucaultiana, il cui impianto verificatorio agisce tramite la persuasione e in assenza di un contesto di giustificazione, rimanendo tuttavia immune a tali critiche. Prova ad avanzare una critica, e la retorica batte velocemente in ritirata. È *soltanto* retorica, un'immagine in un nuovo mondo che permette a un altro migliaio d'immagini di fiorire, privilegiando la loro pluralità e consigliandoci di aumentarla nostra tolleranza all'incommensurabilità. Ora, questo stato mentale ritenuto possibile in Occidente è un lusso che dipende dallo stato di tutto il resto. L'esperienza post-moderna, generalmente, non è per chi ha bisogno di pane piuttosto che di circo, o per chi ricerca libertà di espressione o altre forme espressive. Vi sono condizioni materiali trascendentali per l'esistenza di un Collège de France e per privilegiare la pratica del giocare con le pedine (*playing with the pieces*).

In fin dei conti ogni rappresentazione delle "strutture" come costrutti, soggetti solo alla negoziazione discorsiva svende l'emancipazione umana. In questa maniera Rorty recide il suo progetto estetico di ampiamento del Sé dalle pre-condizioni strutturali di sussistenza economica e della libertà dall'oppressione politica, che sono parte integrante di qualsiasi definizione sociale del buon vivere. Eppure, non ci possono essere contestatori postmoderni perché la *agency* – come la *structure* – è stata spogliata delle sue proprietà "fuori-testo".

---

[84] Questa frase (da F. Jameson) è parte di idealismo post-modernista, sintetizzata nel motto «il n'y a pas dehors texte».

Nell'anti-umanesimo letterale del pensiero post-moderno, l'umanità diventa alla maniera di Baudrillard, «referente spugnoso, a questa realtà opaca e traslucida a un tempo questo nulla», il punto nodale di Lyotard attraverso il quale passano i messaggi di contenuto culturale o, con il brutalismo di Foucault, «L'uomo (sic) deve arrivare a una fine».

Eppure, in maniera trascendentale, dobbiamo chiederci che cos'è il genere-umano se la "scienza sociale" deve servire ogni suo esponente, che è l'aspirazione all'universalismo. E la risposta dev'essere posta nei termini di un'unicità dell'umanità, che ci vede come qualcosa di più che particelle organiche simili, con coordinate spazio-temporali e nomi propri. Se non teniamo all'umanità come genere naturale (ossia essere specifici che sono qualcosa in più della loro biologia, ma qualcosa in meno della loro socializzazione), allora tutto può andar bene, ma non si supererà mai il campo del nostro gioco linguistico.

Da qui deriva la necessità di lottare contro l'enigma della costituzione della società e di riaffrontare il problema della *structure and agency* fuori dai confini dettati dall'empirismo, soprattutto ora che il superamento del vecchio dibattito tra Individualismo e Collettivismo può essere affrontato. La fine del positivismo coincide con la scomparsa dell'idea che tutta la conoscenza sia il frutto dell'esperienza umana, solo allora gli "individui" (proprio perché gli unici capaci di *esperienza*) hanno perso il loro automatico primato di teorizzazione sociale.

Contemporaneamente le caratteristiche non osservabili della società potrebbero evitare il sospetto che esse fossero reificate (cioè incapaci di essere *esperite* come dati sensoriali) piuttosto che reali. Questo apre la strada a una riformulazione ontologicamente robusta delle scienze sociali, piuttosto che a definire come una disgrazia tutti gli sforzi scientifici che tentano di dire qualcosa sulla realtà sociale e attestare il primato epistemologico (e gioco investigativo) del post-modernismo. Ancora una volta il realismo e l'idealismo si confrontavano l'un l'altro; questa volta però, era la possibilità realista – la cui rottura con l'empirismo era imperniata su argomenti trascendentali – ciò che rendeva possibile intendere la società come un oggetto d'indagine, mentre l'idealismo abbandonava queste per le categorie di pensiero allo scopo di allestire la celebrazione d'incommensurabili giochi linguistici locali.

L'atto costitutivo del realismo sociale di Bhaskar si basa (nei suoi quattro punti) su un rifiuto del positivismo, ma non è neutrale verso la varietà degli approcci dall'attuale teorizzazione sociale. Un'ontologia sociale non impone una specifica forma di teoria sociale pratica ma, giacché s'impegna in modo correggibile su ciò che esiste, regola dunque necessariamente il programma esplicativo perché la sua individuazione dei costituenti (e dei non-costituenti) della realtà fa sì che questi soli possano apparire in affermazioni esplicative(il che non esclude il dibattito *sostanziale* circa i contendenti più promettenti all'interno del dominio astrattamente definito del reale).

In questo senso, il realismo sociale non è differente dall'individualismo, dal collettivismo o ogni altra prospettiva sviluppata perché logicamente ci deve essere sempre un rapporto normativo tripartito che disciplina l'eziologia della teoria e la divisione del lavoro interna ad essa, tale che la seguente formula sia universale: Ontologia Sociale (OS) → Metodologia Esplicativa (ME) → Teorie Sociali Pratiche (TSP).

Di contro, lo strumentalismo separa l'ultimo elemento dagli altri due. Non vi è alcuna procedura a ritroso che parte dalle connessioni empiriche riscontrate tra i problemi sociali e le proprietà correlate o dalle condizioni, perché la composizione della ME è semplicemente quella raccolta d'indici che hanno fornito prova di praticabilità. Tali concetti, il cui solo comune denominatore è la loro utilità predittiva (cioè la capacità di dare conto di qualche varianza nei fenomeni), impediscono la distillazione di un'ontologia sociale da quest'ammasso eterogeneo, poiché nulla può impedire la loro reciproca incoerenza. D'altra parte, il postmodernismo procede verso una direzione opposta, slegando l'ontologia sociale da ME e da TSP.

Dato che la realtà sociale è definita come discorsiva, ma i discorsi stessi sono ritenuti essere incommensurabili e intraducibili, ciò non può portarci a una ME. Quest'utilizzo può essere controllato soltanto nel senso di condannare l'impresa esplicativa in quanto tale, sostituendola con l'apprezzamento estetico. Di conseguenza, il post-modernismo rappresenta un rifiuto di principio per "superare" le TSP.

Il realismo della teoria sociale comincia da tre premesse ontologiche di base sulla realtà sociale. Queste premesse sono delineate nel primo capitolo di *The Possibility of Naturalism* e riassunte all'inizio del capitolo di William Outwaite sotto le voci di *intransitività, transfattualità* e *stratificazione*. In questa sede vorrei commentare brevemente il ruolo che esse ricoprono nella formula Ontologia Sociale → Metodologia Esplicativa → Teorie Sociali Pratiche.

Primo, il rifiuto del positivismo dipende dalla sostituzione di un'ontologia delle strutture con una degli eventi (osservabili). In altre parole, l'esistenza di *entità intransitive*, che è indipendente dalla loro identificazione, è la condizione di possibilità delle scienze sociali. Senza questo non ci potrebbe essere alcun programma esplicativo. La spiegazione delle questioni sociali richiede l'asserzione generica che vi sia uno stato di problematicità che è ciò che è, indipendentemente dal modo in cui lo osserviamo, scegliamo di indagarlo o in cui siamo in qualche maniera manipolati a vedere.

Questa prospettiva esclude qualsiasi collasso dell'ontologico nell'epistemologico e condanna chi avalla la mossa della "fallacia epistemica", ossia il confondere *ciò che è* con ciò che *riteniamo essere*.[85] Viceversa, il realista insiste sul fatto che *ciò che è* pone delle limitazioni alle nostre costruzioni.

Tuttavia, le cose sociali non sono immutabili: una delle caratteristiche definitorie della società è la sua natura morfogenetica e la sua capacità di mutare aspetto o forma (nonché la sua mancanza di qualsiasi stato privilegiato o dell'equivalente cibernetico dei meccanismi di feedback omeostatici che si suppone garantiscano quella chimera chiamata equilibrio sociale). Eppure, se la mutevolezza è intrinseca alla società come genere naturale, allora cosa sono gli oggetti intransitivi (dunque durevoli) della nostra riflessione? Qui Bhaskar è ontologicamente preciso e propone di regolare il programma esplicativo del realismo sociale in questi termini:

---

[85] Corsivo nostro.

Né gli individui né i gruppi soddisfano il requisito della continuità [...] per l'autonomia della società rispetto momenti discreti del tempo. Nella vita sociale resistono solo le relazioni (Bhaskar, 1989b, p. 41).

Pertanto per la ME ne consegue che il realismo «si vedrà implicare una concezione *relazionale* dell'oggetto delle scienze sociali» (*Ivi*, p. 26). A sua volta questo significa che la teorizzazione riduzionista è tagliata fuori, poiché queste operazioni verso l'alto e verso il basso mirano all'eliminazione del relazionale al fine di giungere al reale – il costituente ultimo della vita sociale. Sia nel caso in cui quest'ultimo viene identificato con l'*individuale* o con il *sociale*, l'altro elemento diventa epifenomenico e dunque l'interazione (*relazionale*) tra i due è sostituita dalla riflessione.

Pertanto i programmi esplicativi come l'individualismo metodologico realista o l'olismo metodologico realista sono semplicemente inconcepibili. A causa della sua ontologia sociale, il realismo deve generare una forma di teorizzazione che trascende questo vecchio dibattito nelle scienze sociali.

La seconda premessa fondamentale è quella della *transfattualità* dei meccanismi (vale a dire che le loro attività sono continue e invariabili, derivanti dalle loro proprietà e dai loro poteri relativamente duraturi, nonostante i loro esiti mostrino variabilità nei sistemi aperti). Ciò comporta ancora che vi sia un assunto generico e anche un impatto specifico sul programma esplicativo. Genericamente, la transfattualità implica che, sebbene la forma della società in un dato momento sia storicamente contingente, ciò non coincide col vedere le cose sociali come pura contingenza.

Se così fosse, il concetto di scienza sociale cadrebbe e non ci sarebbe una storia passata su cui ripiegare, poiché la contingenza pura escluderebbe anche la modesta cronaca della storia dei moti browniani, in quanto non vi sarebbe alcuna storia da raccontare. In ogni dominio, se tutte le occorrenze sono contingentemente in relazione e tutto è fluido allora la coraggiosa congettura popperiana, come la grande narrazione storica, non è coraggiosa ma sciocca.

Né l'umiltà apparente del *petit récit* (piccola narrazione) costituisce un rifugio, poiché anche quest'ultima poggia sulla relativa durevolezza del locale. In breve, è solo a partire dall'assunzione metafisica che alcune relazioni sono necessarie e relativamente durature che possiamo ragionevolmente stabilire se praticare la scienza, o studiare la società, o meno. Lunghe tradizioni di teoria sociale non solo hanno rispettato questo impego necessario verso la determinatezza, ma hanno preso un impegno preliminare verso *come* la società fosse durevolmente ordinata. Invece, il riconoscimento da parte del realismo sociale del fatto che la *transfattualità* è solo *relativamente* durevole *e* quintessenzialmente *mutevole*, significa che il suo programma esplicativo (ME) non ha alcun bagaglio di preconcetti sul fatto che l'ordinamento della società (in un determinato momento o nel corso del tempo) assomigli a qualsiasi altra forma di realtà (meccanica o organica), né che la sua totalità sia omologa rispetto a una parte di essa (linguaggio), o a qualche parte di essa (sistemi cibernetici semplici).

Se la società è solo come se stessa, il che significa che è contingente che ogni particolare struttura sociale esista, allora siamo portati a provvedere un particolare tipo di spiegazione – una storia analitica della sua nascita, del perché sia così e non altrimenti – a S1, T1[86]. Il realista rispetto alla Metodologia Esplicativa rifiuta l'uso di tali sostegni analogici, che producono retrodizioni (*retrodictions*) inadeguate poiché *presumono* un particolare tipo di meccanismo transfattuale, laddove per il realista la finalità è di individuare quest'ultime e le tendenze provenienti da esse.

Infine, l'insistenza realista sull'idea che la realtà sia *stratificata* poggia sul rifiuto generale di una scienza, sociale o meno, che dipenda dalla superficie dei dati sensoriali. Così Bhaskar sostiene che «nel secernere un'ontologia basata sulla categoria dell'esperienza, tre domini di realtà (quello del reale, quello dell'attuale e quello empirico) collassano in uno solo» (*Ivi*, p. 15).

Tale assenza di profondità ontologica esclude questioni cruciali circa le *condizioni* sotto cui l'esperienza è possibile per la *agency* (osservare un albero di ciliegio in Inghilterra dipende dalla sua previa importazione dalla Cina, proprio come subire una discriminazione educativa è posteriore all'istituzionalizzazione di

---

86 Al punto S1 e al momento T1.

una determinata definizione di conseguimento (*achievement*), o l'affitto dovuto che dipende da rapporti antecedenti tra locatori e locatari).

Dal punto di vista del programma esplicativo, la natura stratificata della realtà rende indispensabile una storicità (per quanto sia breve il tempo considerato) affinché il fatto che spiegazioni *orizzontali* – che mettono in relazione un'esperienza osservabile o un evento con un altro siano condizionate dalle antecedenti richieda spiegazioni *verticali* nei termini di una relazione generativa indispensabile per la loro realizzazione (ed ugualmente necessaria per poter dare conto della sistemica non-attualizzazione di non-eventi e non-esperienze – come ad esempio l'assenza di primi ministri di colore in Occidente). La profondità ontologica comporta necessariamente una casualità verticale che nello stesso tempo sottintende la temporalità.

Andrew Collier mostra che, sebbene la catena di casualità orizzontale possa estendersi sempre a ritroso («[...] e così il regno è andato perduto; tutto per mancanza di un chiodo»)[87], tuttavia, la produzione fattuale di qualsiasi dato dipende da precise congiunture di fattori presenti nel presente, che insieme sono sufficienti per produrla. Tuttavia, come evidenzia la sua analisi delle pratiche ideologiche, la loro efficacia dipende, poiché ne è sovrimposta, da relazioni in una relazione verticale che le catturano e che ancora esse presuppongono per la loro efficacia (Collier, 1989).

Questa storicità/temporalità propria delle spiegazioni verticali è intrinseca al fatto che la legittimazione di tutte le pratiche «presuppone uno strato ideologico che loro non hanno creato [...] come la religione crea le chiese, e mai il contrario. E se non avessimo ancora acquisito una certa ideologia dalla pratica di andare a far compere con la famiglia, Saatchi & Saatchi non avrebbe mai potuto presentare i tagli della Thatcher come "un buon lavoro domestico" (*Ivi*, p. 54). Di certo, questa storicità è propria della natura del dibattito

---

87 Archer si riferisce a un proverbio, che racconta come una piccola azione – la mancanza di un chiodo nella bottega di un calzolaio – possa influenzare un grande evento – la caduta di un regno.

trascendentale. Quando ci chiediamo cosa serve affinché *x* sia possibile, predichiamo i ogni realizzazione di *x* sulla base della materializzazione preliminare delle condizioni della sua possibilità.

È questo il motivo per cui Bhaskar asserisce che

le forme sociali sono condizioni necessarie per ogni atto intenzionale (e che) la loro *pre-esistenza* stabilisce la loro *autonomia* come possibile oggetto d'investigazione scientifica (Bhaskar, 1989b, p. 25).

Alcuni di coloro che lavorano nella teoria sociale hanno cercato di evadere l'implicazione verticalità/storicità mantenendo la simultaneità degli elementi costituenti della realtà sociale (Layder, 1981, p. 3)[88]. Questo, come vedremo, vale per coloro i quali sottolineano l'affinità tra Bhaskar e Giddens, e dovremo dunque esaminare queste teorie quando tratteremo dei contributi di Manicas, Archer e Porpora.

Prima, però, c'è da esaminare un problema più gravoso, ovvero capire se il realismo critico alimenta una particolare forma di teorizzazione sociale o se è largamente compatibile con un ampio *range* di approcci. In questo contesto, William Outhwaite inizia con il porre il quesito base in questo contesto, ossia: quali sono le implicazioni di una teoria realista della scienza per fare ricerca sociale? Dopo aver distillato i cinque principi ontologici del realismo, procede quindi a puntare un telescopio ad alta potenza verso la ricerca sociale, attraverso il quale vede un largo numero di approcci che sono compatibili con il realismo. Come con tutte le forme di ecumenismo, è importante capire da cosa è indotto questo atteggiamento: qui rileviamo due ragioni.

La prima riguarda ciò che Bhaskar chiama *underlabouring* (un *underlabourer* è un lavoratore subordinato a un altro lavoratore, N.d.T.). Essendo una filosofia della scienza, il realismo offre una

---

[88] Derek Layder, correttamente, prende in esame la teoria della strutturazione al fine di avallare il "modello di simultaneità". Si chiede, come «gli obiettivi delle strutture possono essere sia esterni sia determinanti per l'interazione, e allo stesso tempo essere il risultato generato internamente di una tale interazione? Questo è ciò che il modello di simultaneità ci chiede di accettare».

metateoria o "ontologia filosofica", piuttosto che un'ontologia scientifica che ci dice quali strutture, entità e meccanismi costituiscono il mondo (in questo caso quello sociale).

Così Outhwaite sostiene che, in linea di principio, una metateoria realista non richiede in se stessa che le spiegazioni siano espresse in termini di azione sociale o struttura sociale. Tuttavia, in pratica, i lavoratori filosofici subordinati (*underlabourers*) alle scienze sociali non possono evitare di riferirsi alla società, perché senza un qualche riferimento alla sua costituzione, come può il trasferimento ontologico del realismo essere sostenuto o tanto meno lodato?

Fondamentalmente, proprio come segnala Outhwaite, il filosofo realista deve almeno essere certo che esistono oggetti intransitivi con relativa durata nella vita sociale. E non possono affermare questo senza minimamente accertare che non vi siano tali candidati, di cui *structure* e *agency* sono i primi contendenti. Così il "nostro" problema diventa immediatamente il "loro". Mentre ciò accade, diventa chiaro che le relazioni durature non possono essere acquisite in termini d'individui e gruppi (Outhwaite e Bhaskar rifiutano l'individualismo per motivi identici) o in termini di proprietà olistiche che comportano reificazione. Queste devono essere ancorate nella mediazione agenziale. In altre parole, l'appartenenza a quest'ampia chiesa non può essere completamente inclusiva, e l'esclusione inizia quando entrambi gli *underlabourer* e i *groundsman* (i lavoratori addetti alla pulizia e alla manutenzione dei campi sportivi, N.d.T.) iniziano a indagare la *structure and agency*, che sono inevitabili nel fornire asserzioni sulla società, inclusa quella secondo la quale il realismo è appropriato per il suo studio.

La seconda ragione per l'ecumenismo di Outhwaite accende l'intera questione di *che cosa siano* gli "oggetti intransitivi" nelle scienze sociali, cioè quelle cose che esistono e agiscono indipendentemente dalle nostre descrizioni? Qui, ancora una volta, Outhwaite è molto tollerante perché comprende approcci costruttivisti che affermano che le strutture elementari della società non sono altro che insiemi di interpretazioni (relativamente durature).

In un certo senso ciò non presenta difficoltà, perché si può dimostrare (come ho fatto in *Culture end Agency*, Archer 1989), che i sistemi culturali hanno esattamente la stessa priorità temporale, relativa autonomia e efficacia causale rispetto all'azione socio-culturale che hanno le proprietà strutturali. Allo stesso modo, Bhaskar stesso afferma che il realismo è in grado di sostenere «l'intransitività di credenze e significati» (Bhaskar, 1989b): nessuna proposta teorica può essere avanzata *ex nihilo*, ma richiede di salire sulle spalle dei teorici precedenti e affrontare il *corpus* delle conoscenze esistenti.

Tuttavia, sembra che la generosità d'inclusione di Outhwaite in realtà dipenda dalla sua fede nella dipendenza della vita sociale dal concetto (anche se non sull'infallibilità delle nostre concezioni, la cui inesattezza è a volte indispensabile per la possibilità di tali attività come il mentire). Piuttosto egli attribuisce una particolare importanza alle azioni che, come il litigare, dipendono dalla conoscenza da parte degli agenti di ciò che stanno facendo. Indubbiamente questa categoria di attività esiste laddove la danza e i ballerini sono quasi la stessa cosa i: ma dovrebbe essere presa come paradigma? Qui Outhwaite sembra dire "sì", dando la sua approvazione alla citazione di Harré: «I fatti nelle scienze sociali, *al livello in cui sono esperiti*, sono del tutto una creazione della teorizzazione, dell'interpretazione» (Outhwaite, 1987).

Ora, questo sembra equiparare l'*interpretazione dell'esperienza* dell'agente con l'*efficacia* di un fatto, escludendo così quei fattori che ci influenzano, come i vincoli e le abilitazioni, senza che vi sia, da parte nostra, *alcuna* loro concettualizzazione. Vorrei sempre poter difendere l'esistenza di questa categoria, perché gli effetti di fattori strutturali, come l'inflazione, ad esempio sul potere d'acquisto, sono causalmente influenti sia se possediamo qualche concetto in materia economica o meno. Sostenere il contrario significa o negare l'esistenza di questi fattori, o rendere ogni conseguenza non voluta trasparente (in linea di principio) agli attori e, in modo più controverso, negare loro alcuna influenza salvo che (e fino a quando) non sia stata discorsivamente mediata. Eppure i pensionati sono vincolati al compromesso tra il riscaldamento e il sostentamento a prescindere dalla loro comprensione dei redditi indicizzati.

Non siamo in disaccordo col sostenere che i fattori strutturali per essere influenti richiedano la mediazione agenziale, ma mentre Outhwaite ritiene che questo processo sia di natura mentale, vorrei sottolineare il modo in cui la struttura modella le situazioni in cui ci troviamo di fronte, nonché l'influenza della distribuzione delle risorse materiali e culturali con cui possiamo strategicamente condurre tale confronto. Alcune cose continuano alle nostre spalle e gli effetti di molte cose che continuano ad accadere dietro di noi non ci richiedono di guardare queste cose in faccia. Quello che qui è propriamente in discussione è la connessione tra il realismo critico e l'ermeneutica. Outhwaite vorrebbe un grande ponte pesantemente trafficato, e questo lo garantisce metodologicamente con la designazione della conoscenza di senso comune come la via d'accesso alle interpretazioni e, di conseguenza, alle strutture. Invece di limitarci a questa entrata agenziale, io preferisco le doppie porte, che consentono un accesso strutturale che è possibile attraverso la rilevazione dell'efficacia causale di proprietà che non dipendono dalla consapevolezza che se ne ha.

Mantenendo questa distinzione tra *structure* e *agency* (e il *découpage* tra ontologia ed epistemologia), ciò ci consente *ulteriormente* di spiegare la *lotta* ermeneutica nel dare un senso al nostro ambiente, e renderlo *nonsense* perché solitamente non tutto è rivelato alla coscienza, talvolta perché si modella di fuori della nostra consapevolezza cosciente. Rivelare la seconda è ciò che caratterizza il realismo critico e le sue potenzialità di emancipazione: a volte siamo in grado di indicare le cause contestuali di fallibilità epistemica. Sia se queste sono manipolate, o se sono circostanziali, non vi è alcuna garanzia per confinare le cause sociali al mentale o ai significati. È ciò che caratterizza il *realismo* sociale: noi non scopriamo strutture sociali reali intervistando le persone in modo approfondito a proposito di esse.

"Allora, perché essere un realista sociale?". Qui Outhwaite rimane fuori dall'attività pratica (TSP), com'è del tutto coerente con la sua visione del realismo come una "ontologia filosofica". Così «il motivo più forte per l'adozione di una metateoria realista è quello di acquisire un quadro per la discussione razionale delle questioni ontologiche» (*Ivi*, p. 59). Ci vuole così nella grande parrocchia per continuare a parlarci. Io sono parte di questo disordinato affare della teorizzazione delle pratiche sociali e pur concordando sul fatto che sia Harré e Bhaskar stanno entrambi cercando di arrivare alle «strutture generative fondamentali e meccanismi generativi della vita sociale» (*Ivi*, p. 5), in quanto la prima ammette solo contendenti mentalistiche e quest'ultima no, allora una di loro dev'essere (fondamentalmente) errata. Come sociologa realista, devo giudicare quale lo sia, allo scopo di far progredire qualsiasi proposizione esplicativa concreta. Con ogni mezzo dobbiamo continuare a parlare ed evitare scomuniche, ma mentre si continua a *lavorare* non possiamo farlo come sociologi agnostici sulla natura delle strutture o degli agenti.

Eccoci al punto centrale della questione: in che modo il realista può concettualizzare le proprietà sociali intransitive che riguardano una società *sui generis*, *dato* la *vexata quaestio* che le cose sociali, a differenza delle cose naturali, sono *tutte* dipendenti dall'attività? Se le cose stessero così, le proprietà strutturali e culturali (le maggiori candidate all'intransitività sociale) non diventerebbero inseparabili dai fatti agentivi: il che vorrebbe dire che non apparterrebbero alla *società sui generis*? Questa è la forza della critica di Benton.

Accogliendo l'accettazione di Bhaskar del fatto che uno dei limiti del naturalismo consiste nella presenza delle strutture sociali soltanto mediante le attività degli agenti umani, Benton conclude che Bhaskar può solo distinguere tra i poteri degli agenti posseduti in virtù delle loro nature intrinseche e quelli posseduti in virtù delle loro proprietà relazionali, nessuno dei quali aiuta a sostenere l'idea che le strutture sociali siano detentrici autonome di potere causale. Benton dunque sostiene che l'intera impresa sembra collassare nell'individualismo; sebbene mantenga alcuni sospetti sull'inoppugnabilità della sua conclusione.

Simili argomentazioni sono sostenute da Manicas, quando individua nella dipendenza dall'attività la caratteristica che fa sì che la struttura sociale non esista nel modo in cui esiste un campo magnetico. Con le sue parole, «il motivo sembrerebbe essere questo: che la società è incarnata nelle pratiche e nei prodotti dei suoi membri» (Manicas, 1991, p. 22). Dal fatto che la società non esiste fuori dalle pratiche degli individui, Manicas, assieme a molti altri, deriva molte affinità tra il modello trasformativo di Bhaskar e "l'ontologia della prassi" di Giddens. In quest'ultima «la struttura entra contemporaneamente nella costituzione degli agenti e delle pratiche sociali, e "esiste" nei momenti di generazione di tale costituzione» (Giddens, 1979, p. 5). Se tale tesi è sviluppata, allora il realismo sociale collassa nella teoria della strutturazione: e lo *status* ontologico della realtà sociale si riduce a una sorta di virgolettato.

Dall'altro lato, sostenendo il carattere distintivo dell'approccio del realismo critico, i contributi di Porpora, Archer e Collier resistono a entrambi i sopramenzionati "collassi", poiché a loro parere le proprietà emergenti possono essere concepite come appartenenti ad una società *sui generis*. Come possono giustificare la profondità ontologica e garantire che la *structure* e la *agency* siano trattate come stati distinti della realtà sociale senza negare la dipendenza della società dall'attività dei suoi agenti?

Essenzialmente, le loro argomentazioni finiscono per enfatizzare, come fa Bhaskar, «l'importanza di distinguere categoricamente tra le persone e le società», perché «le proprietà possedute da forme sociali possono essere molto diverse da quelle possedute dagli individui su cui attività dipendono» (Bhaskar, 1979, p. 35). Ora, secondo Bhaskar questo effetto delle proprietà emergenti implica che sia richiesto un qualche punto di contatto tra le due dimensioni e che il loro legame dipenda da un "sistema di mediazione" che consiste nelle «*posizioni* (luoghi, funzioni, regole, compiti, doveri, diritti ecc.) occupate (riempite, assunte, emanate ecc.) dagli individui, e dalle *pratiche* (attività ecc.) in cui, in virtù dell'occupazione di queste posizioni (e viceversa), sono impegnati» (*Ivi*, p. 41).

Tale distinzione tra posizioni e pratiche è cruciale, ed è attraverso la sua affermazione e il lavoro sulle sue implicazioni che può essere estrapolato il carattere *sui generis* della società. Sebbene, come visto in precedenza, Manicas abbia affermato che la società è incarnata nelle pratiche e nei prodotti dei suoi agenti, è l'attenzione esclusiva che egli concede alle pratiche a indurre lo slittamento verso Giddens e l'affermazione di un'affinità con la sua "ontologia delle pratiche". Per contro, se ai prodotti è conferito ciò che è loro e le posizioni non si fondono con le pratiche, allora lo slittamento è arrestato e il realismo sociale rappresenta un approccio antitetico rispetto alla teoria della strutturazione.

Nel sostenere ciò, Porpora ribadisce che «le relazioni hanno proprietà causali indipendenti [*sui generis*] e, inoltre, che tali relazioni, *una volta stabilite*, sono analiticamente precedenti alla regola *seguente* il comportamento degli attori» (Porpora, 1989, p. 206). In breve, le *posizioni* devono precedere le pratiche che generano: sebbene l'attività sarà necessariamente incessante affinché vi sia una società, essa sarà per natura discontinua perché i cambiamenti condizionano le pratiche in differenti distinti modi. Dunque, «gli effetti causali della struttura sugli individui si manifestano in determinati interessi strutturati, risorse, poteri, vincoli e predicazioni che sono integrate in ogni posizione dalla rete di relazioni. Questi comprendono le circostanze materiali in cui le persone devono agire e che motivano ad agire in un certo modo» (*Ivi*, p. 200). E nessuno di questi modi in cui il modello d'interazione sociale è incomprensibile senza un retro-riferimento alle influenze condizionali (e dunque precedenti) della posizione, alle risorse a essa associate e agli interessi conferiti, può essere catturato da una rete ininterrotta di pratiche.

Così Porpora si chiede:

se adesso vogliamo analizzare l'interazione delle cariche (*incumbents*) di queste posizioni, la questione è che essa sia analiticamente precedente il rapporto instaurato in cui sono inserite o simili a una regola, alla maniera routinaria delle interazioni che in seguito stabiliscono. Sembra chiaro che il rapporto e i poteri causali che il capo si permette sono ciò che principalmente determina il carattere dell'interazione successiva. Gran parte di tale interazione non è nemmeno concepibile in termini di regole. Le regole di solito non dicono al subalterno che lui o lei devono sopportare gli scoppi d'ira del proprio capo (*Ivi*, pp. 20-28).

Questa argomentazione è identica alla critica che Thompson (1989) rivolge alla teoria della strutturazione, la quale dimostra che alcune pratiche non possono nemmeno essere *identificate* propriamente senza un riferimento all'occupazione delle posizioni, che sono esse stesse inserite in strutture più ampie, né possono i *modelli* regolari d'azione essere spiegati in quanto coincidenze di volontarismi, ma sono esplicabili solo come condizionati dal loro posizionamento.

Tutto ciò è ampiamente congruente rispetto al mio contributo, il quale contrasta la questione della dipendenza dall'attività domandando da quale tipo di *agency* dipendano determinate distribuzioni, posizioni, ruoli e istituzioni. Poiché la risposta è che la loro strutturazione è emersa dalle *agency* passate degli agenti (forse già scomparsi), allora l'emergenza di simili proprietà e poteri non può essere attribuita alle pratiche degli agenti attuali, che possono mantenere e trasformare, piuttosto che creare, ma le cui azioni strategiche nel loro farsi sono condizionate dal contesto strutturale e culturale ereditato.

Inoltre, in quanto agenti, sono modellati e rimodellati nei loro tentativi sequenziali di riplasmare le strutture che fronteggiano, ma che non hanno creato. Le argomentazioni in proposito della continuità dell'attività non devono essere confuse con la natura continua della *agency*. Una posizione deve esistere prima della sua occupazione e anche se le stesse persone diventano le incaricate di posizioni elaborate in modo innovativo, il nuovo insieme di relazioni interne in cui sono coinvolti esercita un'influenza condizionale *sui generis* su di essi – che è rintracciabile causalmente esattamente attraverso il cambiamento delle loro pratiche di agenti e l'elaborazione della stessa *agency*.

Questo significa che le trasformazioni *agenziali* e *strutturali* non sono soltanto casualmente fuori sincrono (a causa dell'esercizio dei loro rispettivi poteri), ma che abbiamo a che fare con un fenomeno inerentemente "temporalizzato", poiché *date* strutture e *dati* agenti intrattengono reciproche relazioni temporali di precedenza e successione. Dunque sottolineare la necessaria continuità di attività ai fini dell'esistenza della società non è altro che affermare il truismo "niente persone: niente società".

A livello metodologico, la dipendenza dall'attività ci costringe al dualismo analitico (non filosofico), ma se riconosciamo alla declinazione temporale ciò che le è proprio, possiamo ad ogni modo distinguere cicli di "Condizionamento Strutturale → Interazione Sociale → Elaborazione Strutturale", a seconda delle proprietà emergenti che ci interessano all'interno del flusso esistenziale. Tutto ciò è compatibile non solo con il modello Trasformazionale di Azione Sociale, come indicato in *The Possibility of Naturalism*, ma è coerente con lo sviluppo degli scritti successivi di Bhaskar. Così nella *Dialettica*, Bhaskar insiste sul fatto che la realtà sociale

deve essere differenziata in momenti analiticamente distinti [...] come ritmicamente processuale e plastica fino al midollo. Questa è una caratteristica che [...] la distingue dalla strutturazione, o più in generale qualsiasi teoria di "conflazione centrale" (Bhaskar, 1993, p. 160).

Sto proponendo che tali cicli morfogenetici, basati su due semplici proposizioni – che la *struttura precede necessariamente le azioni che la trasformano* e che *l'elaborazione strutturale necessariamente le succede* – forniscono il realismo sociale di un metodo di spiegazione per la strutturazione sociale nel corso del tempo in termini d'interazione tra *structure and agency* – che può essere utilizzato per generare teorie delle pratiche sociali in particolari domini.

Al contrario, l'"ontologia della prassi" della teoria della strutturazione la priva della relazione tra OS → ME → TPS, che la limita a essere soltanto un "dispositivo di sensibilizzazione" (Giddens, 1990, pp. 310-311)[89] piuttosto che un programma di ricerca. La ragione fondamentale per la differenza a livello di utilità pratica è che la "dualità della struttura" permette solo la messa tra parentesi artificiale delle proprietà strutturali e della condotta strategica ponendo a sua volta una *epoché* metodologica su ciascuno di essi. Tuttavia, poiché si tratta di due facce della stessa medaglia, gli elementi implicati devono quindi essere *co-incidenti nel tempo* (la co-esistenza delle *epoché* limita l'analisi alla stessa *epoché*) e ne consegue che l'interazione temporale tra *structure and agency* non può essere logicamente esaminata.

---

[89] Così sostiene, «non credo sia utile, come altri hanno cercato di fare, "applicare" la teoria della strutturazione nel suo complesso ai progetti di ricerca».

Così dopo la scomparsa del positivismo e la desuetudine del vecchio dibattito tra Individualisti e Collettivisti, quello che non è scomparso è la perdurante necessità di compiere una scelta. L'onere di tale scelta è inevitabile perché la "ontologia della prassi" sostiene la costituzione reciproca della *structure and agency* che non è né riduzionista (contraria all'individualismo) né anti-riduzionista (contraria all'olismo) ma è *a*riduzionista. A causa di questo, quello che ho chiamato "elisionismo" diventa un orientamento teorico distinto per le seguenti tre ragioni: (i) la negazione della separabilità della *structure and agency*, perché (ii) ogni aspetto della *structure* è ritenuto un'attività-dipendente *nel tempo presente* e quindi ugualmente aperta alla trasformazione, e (iii) la convinzione che qualsiasi efficacia causale della struttura dipende dalla sua *instanziazione* da parte della *agency*.

Di conseguenza, la separabilità/inseparabilità della *structure and agency* rappresenta la separazione ontologica di metodo tra Elisionisti e Realisti: una separazione necessaria a causa dell'adesione da parte del realismo alla stratificazione, all'emergenza e alla temporalità.

Dunque Bhaskar sottolinea

> È importante distinguere, nella maniera più categorica, tra l'azione umana e la struttura sociale [...] le proprietà possedute dalle forme sociali possono essere molto diverse da quelle possedute dagli individui da cui esse dipendono [...] Voglio quindi distinguere nettamente tra la genesi delle azioni umane, che si trova nella ragione, le intenzioni e i progetti degli esseri umani da una parte; e le strutture che governano la riproduzione e la trasformazione delle attività sociali, dall'altra (Bhaskar, 1989a, p. 9).

L'insistenza sulla loro distinzione è di tipo ontologico, ma anche metodologica perché in quanto entità distinte è possibile esaminarne l'interazione, che è cruciale per teorizzare la *vexata quaestio* della società, se la nostra preoccupazione è rivolta verso i problemi quotidiani o per le macroscopiche trasformazioni sociali.

La separabilità è il predicato per l'esame della connessione tra *structure and agency* da cui dipende la teorizzazione della pratica sociale. Solo su questa base è possibile parlare del rigore dei vincoli della struttura rispetto ai gradi di libertà agenziale. Al contrario, qualsiasi teoria che tratta la *structure and agency* come un amalgama reciprocamente costitutivo implica, ancora, che la causalità è sempre la responsabilità congiunta delle due e quindi che nessuno stato di cose è sempre più attribuibile ad uno rispetto all'altro.

L'ontologia sociale del realismo legittima il nostro parlare di "pre-esistenza", di "autonomia relativa" e di "influenza casuale", in relazione a questi due strati distinti, in virtù delle loro proprietà emergenti e dei loro poteri. Come tale, ci rende capaci di analizzare i processi attraverso i quali le *structure and agency* si formano e ri-formano nel tempo tra loro e di spiegare i loro risultati variabili in momenti diversi. Sono le stesse premesse che consentono al realismo critico di essere innovativo mediante l'individuazione dei vincoli contestuali sulle nostre libertà e la specificazione di usi strategici della nostra libertà per la trasformazione sociale.

Bibliografia

Archer, M., Bhaskar, R., Collier, A., Lawson, T. e Norrie, A. (1998), *Critical Realism*, Londra, Routledge.

Archer, M. (1989), *Culture and Agency: The Place of Culture in Social Theory*, Cambridge, Cambridge University Press.

Archer, M. (1995) *Realist Social Theory*, Cambridge, Cambridge University Press.

Bhaskar, R. (1993), *Dialectic: The Pulse of Freedom*, Londra, Verso.

Bhaskar, R. (1989a), *Reclaiming Reality*, Londra, Verso.

Bhaskar, R. (1989b) *The Possibility of Naturalism*, Hemel Hempstead, p. 28 [trad. it. *La possibilità del naturalismo*, Genova-Milano, Marietti, 2010].

Collier, A. (1989), *Scientific Realism and Socialist Thought*, Hemel Hempstead, Harvester Wheatsheaf.

Comte, A. (1951), *Système de Politique Positive*, Parigi, Mathias.

Gellner, E. (1971), *Holism versus Individualism*, in M. Brodbeck (a cura di), *Readings in the Philosophy of the Social Sciences*, New York, Macmillan.

Giddens, A. (1979), *Central Problems of Social Theory*, Londra, Macmillan.

Layder, D. (1981), *Structure, Interaction and Social Theory*, Londra, Routledge and Kegan Paul, p. 3.

Lockwood, D. (1964), *Social Integration and System Integration*, in G.K. Zollschan e W. Hirsch (a cura di), *Explorations in Social Change*, Boston, Houghton Mifflin.

Mandelbaum, M. (1973), *Societal Facts*, in J. O'Neill (a cura di), *Modes of Individualism and Collectivism*, Londra, Heinemann [trad. it. *Fatti Sociologici*, in M.V. Predaval Magrini, *Filosofia analitica e conoscenza storica*, Firenze, La Nuova Italia, 1979, pp. 361-76].

Manicas, P.T. (1991), *A History and Philosophy of the Social Sciences*, Oxford, Basil Blackwell.

Mill, J.S. (1884), *A System of Logic: Ratiocinative and Inductive*, Londra, People's Editions.

Outhwaite. W. (1987), *New Philosophies of Social Science*, Macmillan, Londra.

Porpora, D.V. (1989), *Four Concepts of Social Structure*, "Journal for the Theory of Social Behaviour", 19, pp. 2.

Thompson, J.B. (1989), *The Theory of Structuration*, in D. Held e J.B. Thompson (a cura di), *Social Theory in Modern Societies: Anthony Giddens and His Critics*, Cambridge, Cambridge University Press.

Le espressioni del realismo (sociale)

di SANTINO CUNDARI

1. Questioni preliminari

> Quante volte la gente pensa d'aver afferrato la realtà e invece
> è solo l'essere del non-essere in quanto entificazione del non-
> essente-in-sé... No?
>
> Woody Allen, *Citarsi addosso*

In anni in cui la filosofia propone un ripensamento di alcuni dei suoi fondamenti, sembra più che mai funzionale arricchire tale dibattito introducendo l'approccio *critico* del *realismo* britannico – o almeno una delle sue declinazioni più fortunate.

Com'è noto, la figura di Margaret Archer è da annoverare tra quelle dei maggiori interpreti di tale prospettiva e il saggio intitolato *Il realismo nelle scienze sociali* (1998) è un'introduzione ad alcune delle questioni più urgenti e attuali per gli sviluppi e le potenziali applicazioni di una metodologia d'indagine della *realtà sociale*.

All'interno di questo scritto però, non si trova solo la ricostruzione dei punti nodali del cosiddetto enigma *structure and agency*, ma anche quella *pars destruens* che si pone a fondamento dello stesso *realismo critico*, nei suoi lineamenti più generali e nel modo in cui Archer lo descrive e riattualizza.

Mentre in Italia il *Nuovo realismo* (cfr. Ferraris 2012) appare come un tentativo di dialogo tra filosofia e scienze sociali, nel momento in cui propone – almeno nelle sue iniziali intenzioni – un'apertura teorica nei confronti di una visione del mondo legata a una particolare concezione dei *fatti* – e slegata da una logica interpretativa di questi ultimi – il *Realismo critico* attinge dai fondamenti della stessa filosofia pur rimanendo ancorato al contesto (aperto) della cultura sociale e sociologica.

Chiudere i conti con le grandi narrazioni del post-modernismo, con la realtà descritta dal positivismo delle scienze hard e, infine, accogliere la distinzione ontologica tra *ciò che è naturale* e *ciò che è sociale*, sono i modi in cui l'idea archeriana della morfogenesi della società rimette in questione e "ricostruisce" il mondo sociale.

L'Autrice, nell'introdurre «una qualche impossibilità legata al *naturalismo*», riprende molte delle istanze sollevate da Roy Bhaskar (Bhaskar, 1989, p. 28), tra cui l'idea che «le ontologie dei mondi *naturali* e *sociali* sono così distinte che precludono qualsiasi versione di una pretesa "unità del metodo"» (Archer, 1998, p. 189). Eppure, si potrebbe già notare come l'approccio proposto sia di ordine *complesso*[90] – dunque necessariamente unitario – giacché tenta di dirci qualcosa del mondo sociale o di *ciò che c'è là fuori*, ma ancorando i propri sforzi a un bastone che poggia a terra, soggetto (fortunatamente) alle leggi delle scienze della natura. Seguendo questo principio, sembra quasi necessario inferire sull'esistenza di almeno due sfere ontologiche (naturale e sociale), o ancora di almeno due metodologie, o campi di analisi, distinte l'una dall'altra, che mirano alla descrizione *dell'emergenza del mondo sociale da quello naturale*.

Così come John Searle (1995 e 2010), Margaret Archer tenta di descrivere *come* sia possibile render conto di ciò che usualmente siamo portati a definire come *la realtà sociale*, ovvero di quell'ontologia invisibile che è parte integrante delle strutture del mondo ordinario, abitato da *oggetti comuni* agli scienziati del Cern di Ginevra così come agli operai delle fabbriche italiane.

Più che sul primato ontologico però, Archer concentra le proprie riflessioni sull'origine e sui mutamenti delle strutture sociali,

---

90 Con il termine *complesso* ci riferiamo al modo in cui è teorizzato da Edgar Morin (cfr. Morin, 1977).

chiedendosi quali *forze* entrano in gioco e come sono funzionali alle trasformazioni in atto: la base sostanziale dell'idea morfogenetica della società prende il via dal rifiuto di qualsiasi forma di olismo, preferendo una metodologia propria del *dualismo analitico*.

Il *Realismo nelle scienze sociali* apre in questo modo a molte considerazioni di ordine epistemologico, anche se è la metodologia dell'analisi a costituirne la vera ossatura. Archer ne prepara il terreno attraverso il cosiddetto *emergentismo*: una prospettiva che mira alla dissoluzione dell'annosa questione del rapporto tra *structure and agency*, a definire forme di ontologie non-individualiste, non collettiviste e non elisioniste. In una formula: per Archer, impegnarsi su *ciò che esiste* implica il regolare un programma esplicativo che si riferisca ai costituenti (e ai non-costituenti) della realtà sociale.

Riprendendo tali considerazioni, si nota che l'idea espressa dal *Realismo critico* è già chiara – e unitaria – in *The Possibility of Naturalism* di Bhaskar, riproposta in seguito in questi termini:

> *The Possibility of Naturalism* had identified a fourth critical difference between the social and natural sciences, necessitated by the consideration that the subject matter of social science includes not just social objects but beliefs about those social objects (or put another way that social objects include beliefs about themselves), making possible an explanatory critique of consciousness (and being), entailing judgements of value and action without parallel in the domain of the natural sciences, so vindicating a modified form of a substantive ethical naturalism, i.e., the absence of an unbridgeable logical gap between statements of facts and values of the kind maintained by Hume, Weber and Moore (Bhaskar, 1998, p. XVII).

In sostanza, il realismo di Bhaskar – e Archer – mira ad ampliare l'oggetto d'indagine delle scienze sociali, dunque non comprende al suo interno esclusivamente gli *oggetti sociali* ma apre all'inclusione delle *credenze su* e *in proposito di* tali oggetti, intesi come *oggetti emergenti*. Ed ecco che, seguendo tale prospettiva, oggetti e credenze diventano materia della scienza sociale e il realismo non è più un problema per soli scienziati.

Riprendere le tesi di Bhaskar è importante per comprendere l'idea della tripartizione della teoria sociale di stampo archeriano e per individuare le ragioni degli elementi costitutivi del realismo che possono essere sintetizzati tramite lo schema che Archer definisce nei termini di una "formula universale" e che si dispiega come segue

Ontologia Sociale → Metodologia Esplicativa → Teorie Sociali Pratiche

Come rilevato da Luca Guizzardi, la teoria sopraesposta ha una sua connotazione fortemente searliana e può essere ulteriormente formalizzata sostenendo che si deve:

separare ciò che esiste (l'ontologia) dal come lo conosciamo (epistemologia) per arrivare alla verità in quanto questione di corrispondenza ai fatti (la teoria sociale pratica) (Guizzardi, 2007, p. 19).

Prima di entrare nel merito di questa tripartizione e del tipo di realismo implicato, diviene necessario comprendere a quale tipo di ontologia sociale ci stiamo riferendo e i modi d'indagine che sono implicati all'interno di questo quadro teorico.

2. Ontologie a confronto

In filosofia, con il termine *naturalismo* s'intende quell'approccio epistemologico che ritiene sia possibile indagare la *realtà* senza l'uso di principi di ordine trascendentale, dunque, primariamente tramite l'ausilio delle sole *leggi naturali*.

Willard Van Orman Quine, per citare uno dei filosofi più influenti del xx secolo, ne dava una caratterizzazione molto particolare che in parte conservava gli assunti fondamentali di tale approccio e in parte mirava al loro sovvertimento: le sue tesi semantiche, ontologiche e gnoseologiche erano riconducibili all'assunto epistemologico di stampo naturalistico e, in tale impostazione, il concetto di significato-stimolo era centrale. Oggetti come la *mente*, i *significati* e le *credenze*, erano parte di uno sfondo che le considerava alla stregua degli oggetti naturali, data anche una forma molto particolare di *comportamentismo* che ne era implicata (cfr. Chomsky, 1969).

Ciò che Archer rileva sin dalle prime battute del suo testo è esattamente questo: che *la realtà sociale è differente* e con ciò intende porre alcuni quesiti noti sia ai filosofi sia ai sociologi. È possibile indagare "scientificamente" gli *oggetti sociali*? O meglio, la società – campo d'indagine della sociologia – può essere indagata con gli stessi criteri di scientificità adottati per studio della *natura*? Qual è il rapporto che sussiste tra i due livelli di realtà individuati e distinti?

L'ipotesi del *realismo critico* nasce da questi presupposti e mira allo sviluppo di una metodologia d'indagine che non intende rinunciare a ciò che *usualmente consideriamo essere* naturale o sociale, non intende ridurre l'una realtà all'altra e si propone di descrivere un'ontologia *emergente*: quella di *natura sociale*. Dunque, mentre da un lato si tiene fissa l'idea dell'esistenza di una realtà indipendente dalle nostre credenze, dai nostri schemi concettuali e dalle nostre pratiche sociali, dall'altro si esprime la necessità di render conto di un mondo fatto di promesse, contratti d'affitto, istituzioni, discorsi, scandali e decisioni politiche, rituali e oroscopi. In una parola: di oggetti che possiedono *altre* caratteristiche ontologiche ed epistemologiche rispetto a quelli naturali.

2.1. Le peripezie del realismo (sociale)

Bentornata realtà (cfr. De Caro e Ferraris, 2012) è un testo inaugurato dalle intense pagine che Hilary Putnam dedica all'evoluzione dei suoi modi di approcciarsi al tema del realismo. Una serie d'idee – quelle di Putnam – molto dinamiche, che espongono le ragioni filosofiche e scientifiche che l'hanno spinto a rivedere alcune delle principali posizioni sostenute in passato. Scrive l'autore:

> Col passare del tempo la mia metafisica realista si è fatta più estrema. Negli anni Sessanta e Settanta ero attratto da una posizione che ho poi chiamato «realismo metafisico» (benché allora non usassi questa definizione), secondo cui la realtà può essere completamente descritta in un unico modo, e questa descrizione e ciò che fissa, precisamente e definitivamente, l'ontologia. In realtà, soltanto uno degli articoli che ho pubblicato (*Gli asserti veri corrispondono alla realtà?*, cfr. Putnam, 1987) si spingeva a sostenere

questa tesi. Il tipo di «realismo scientifico» (ossia un realismo filosofico applicato alla filosofia della scienza) si componeva di due tesi fondamentali: 1) come avevo già sostenuto in *L'analitico e il sintetico* (cfr. Putnam, 1962), i termini, nelle teorie elaborate da una scienza matura, generalmente denotano entità e grandezze reali; 2) e questo fatto spiega il successo di queste teorie, mentre le filosofie della scienza antirealiste finiscono per considerare i successi ottenuti dalla scienza come miracoli inspiegabili. Ancora oggi ritengo valide entrambe le tesi. A partire dal 1976, tuttavia, e fino al 1990, ho difeso una posizione antirealista che, pur senza rinnegare le tesi (1) e (2), le reinterpretava in un modo che oggi non ritengo più sostenibile. Ho chiamato questa posizione, che ho difeso per quattordici anni, «realismo interno» – una posizione vagamente kantiana, secondo cui la verità coincide con la conoscibilità in «condizioni epistemiche ideali». Oggi considero inaccettabili tanto il «realismo metafisico» quanto il «realismo interno». Il primo perché lo stesso stato di cose può essere descritto con vocabolari differenti, e dunque non può mai determinare un'unica «ontologia», nei termini della quale debba essere descritto; il secondo perché confonde ciò che è reale con ciò che è conoscibile dagli esseri umani (Putnam, 2012, pp. 8-9).

Tra le posizioni che Putnam comunica in queste poche righe, non vi è annoverata quella che oggi sostiene – cui comunque giungeremo a breve.

Quello che ci preme rilevare è che un filosofo come Putnam – dunque una figura in prossimità delle riflessioni sulle scienze della natura che non alle problematiche sociologiche – s'impegna verso l'impossibilità di poter determinare *un'unica ontologia*, valida per il naturale e per il sociale. L'autore, così come Archer, richiama *vocabolari differenti* capaci di esprimere *differenti* modalità ontologiche, anche in relazione a un medesimo *stato di cose*.

Partendo dal realismo – sostiene Archer – s'insiste su una visione stratificata del sociale, come di una qualsiasi altra realtà, in seguito si considerano proprietà e poteri particolari per le persone che includono riflessività e creatività verso qualsiasi contesto sociale con il quale si confrontano (Archer, 1998, p. 190).

Dal canto suo, anche Putnam rammenta il suo

disaccordo [...] con la tesi secondo cui i fatti sociali, a differenza dei fatti studiati dalle scienze, [siano] mere convenzioni o costrutti che non possiedono alcuna realtà indipendente, e che non esistono criteri oggettivi per giudicarli (Putnam, 2012, p. 15).

L'elemento innovativo, introdotto dal *Realismo critico*, è dunque quello della *stratificazione del sociale* le cui caratterizzazioni sono scandite – in sociologia – dalla relazione espressa nei termini di *structure and agency*.

In *Realist social theory: the morphogenetic approach* (cfr. Archer, 1995), Archer già proponeva un rifiuto dell'idea di *realtà sociale* per com'era concepita dall'individualismo metodologico e dall'olismo. Oltre a sostenere che il vecchio dibattito era ormai soppiantato da una nuova fase di discussione (quella inaugurata dalla teoria della strutturazione di Anthony Giddens e dalla legittimazione, nel succitato dibattito, dello stesso *modello emergentista*), Archer denunciava i limiti di qualsiasi programma riduzionista: per l'individualismo, i *singoli individui* erano i costituenti ontologici ultimi del mondo sociale, una faccia della medaglia (sociologica) che il *Realismo critico* si proponeva di superare. L'altro termine del dibattito era la proposta dei collettivisti, che invece «di avanzare una forte ontologia della "struttura sociale" [...] [giocavano] metodologicamente in difesa, introducendo la "struttura" come un insieme eterogeneo di fattori che sono considerati quando le spiegazioni individualiste falliscono» (Archer, 1998, p. 191).

In questi termini, per Archer, qualsiasi metodologia esplicativa (o epistemologia) – e di conseguenza qualsiasi proposta di teoria sociale pratica – era viziata da "un'ontologia mal posta", ovvero sbilanciata un po' verso la *agency*, un po' verso la *structure*.

Riprendiamo ora l'assunto iniziale che Archer pone, la proposizione inaugurale del saggio: «*Ma la realtà sociale è differente*» (*Ivi*, pp. 189). In parte, abbiamo ripreso e ipotizzato tutto ciò che può essere posto prima della congiunzione avversativa (oppositiva) "ma"; solo in parte, perché sarebbe stata appropriata un'analisi più dettagliata dell'opera di Bhaskar e delle tesi naturalistiche in generale.

Partendo dall'opposizione tra realtà naturale e sociale, Archer sostiene che non importa «se tale proposizione derivi dalle viscere del fenomenalismo popolare [...] o da una di quelle tradizioni filosofiche che hanno accentuato l'intrinseca significatività della società e la dipendenza dall'attività» (*Ibidem*) – perché tale proposizione determina i punti nodali dell'*emergentismo*.

Come intendere dunque la particolare declinazione per l'enigma del rapporto tra *structure* e *agency* che Archer propone? Si rileva, ancora in *Realist social theory*, una definizione che a nostro avviso è più congeniale:

> Emergence means that the two are analytically separable, but also since given "structures" and given "agents" occupy and operate over different tracts of the time dimension they therefore are distinguishable from each other. Thus for example, a particular marital structure pre-dates *our* contemporary constitution as married social subjects – which is an entirely different point from the perfectly compatible statements that, (a) previous actors through their prior social practices themselves constituted the institution of marriage earlier in history (since this refers to agents long dead), or (b) that our present actions as married subjects are contributing to the transformation of this institution at some future time (since this refers to distant restructuring) (Archer, 1995, p. 66).

La *separabilità analitica* esprime dunque l'idea di *emergenza* che è implicata all'interno del contesto preso in esame. Prendendo le distanze dalla prospettiva della teoria della strutturazione di Giddens – che Archer etichetta come "elisionista"[91] – *structure and agency* sono concepiti come reciprocamente emergenti (nel tempo, approccio morfogenetico), e si determinano come *entità* (ontologicamente) separate ma interagenti. L'esempio ripotato sopra – quello delle pratiche coniugali – può venirci ora in soccorso:

---

[91] L'idea delle *conflazioni* è uno degli aspetti più innovativi dell'opera di Archer. L'Autrice rileva nella *teoria della strutturazione* di Giddens un problema di *conflazione centrale* (cfr. Archer, 1995). Proprio in questo senso ne segnaliamo un'applicazione che prende in esame l'opera di Pierre Bourdieu e il confronto con Archer (cfr. Givigliano, 2013).

l'idea è dunque quella di tenere assieme i momenti (a) e (b) analiticamente separabili ma – lo ribadiamo – interagenti, nonché di considerare i mutamenti sociali come l'istituzione del matrimonio quali *proprietà emergenti* dalla tensione tra:

> *structure* (a) «previous actors through their prior social practices themselves constituted the institution of marriage earlier in history»
>
> e
>
> *agency* (b) «that our present actions as married subjects are contributing to the transformation of this institution at some future time» (*Ibidem*).

Mentre la *temporalità* è considerata come l'espressione caratteristica che giustifica l'introduzione delle istanze morfogenetiche, gli altri aspetti della vita sociale (esperienze individuali, istituzioni ecc.) sono intesi quali *proprietà emergenti*, espressione della relazione ivi assunta. Le implicazioni teoriche della prospettiva che abbiamo sinteticamente ripreso costituiscono, in nuce, i fondamenti essenziali dei successivi sviluppi della metodologia archeriana.

Compiendo un passo indietro, si può sostenere che tale prospettiva fosse già chiara in *Culture and Agency* (cfr. Archer, 1988) e, in un'ottica ancor più ampia, ritorni nel più recente *Being Human. The Problem of Agency* (cfr. Archer, 2000), opera che ha influenzato positivamente gran parte della metodologia sociologica contemporanea. Tralasciando – per un attimo – la questione del *realismo nelle scienze sociali*, si nota come sia possibile rintracciare un *leitmotiv* nell'evoluzione del pensiero dell'autrice, ponendo la questione tramite le parole utilizzate da Pierpaolo Donati, che sostiene che «Archer rivendica il concetto di umanità contro quelle teorie sociali che cercano di sminuire le proprietà e i poteri dell'umano» (Donati, 2006, p. 10).

Anche in questo caso – continuando la nostra analisi – appare evidente il grado d'impegno (ontologico) nei confronti di oggetti quali le *proprietà* e i *poteri* che sono conferiti agli individui. E questa idea, può anche richiamare le «condizioni epistemiche ideali» che Putnam sosteneva in precedenza, con l'evidente riferimento agli oggetti empirici e al loro rapporto con la "verità".

Tuttavia, come Archer ricorda nelle ultime battute del suo scritto, l'approccio del realismo *critico* (e *analitico*) considera l'ontologia sociale come un fondamento che legittima il parlare di «"pre-esistenza", di "autonomia relativa" e di "influenza casuale", a proposito di questi due strati distinti, in virtù delle loro proprietà emergenti e dei loro poteri» (Archer, 1998, p. 203), quelli di *structure and agency* appunto, intesi nel loro formarsi e riformarsi nel corso del tempo.

Una (quantomeno) curiosa descrizione di *structure and agency*, si ritrova nel già citato saggio di Putnam. L'Autore propone il suo *Realismo del senso comune*, quello che sostiene dal 1990 a oggi, che tradotto nel vocabolario archeriano, svela le modificazioni di *structure and agency* nel corso del tempo e dunque l'emergenza di oggetti sociali. Scrive Putnam:

> Anche nel campo dell'etica credo ci possa essere oggettività (e dunque realismo semantico) senza la necessità di una speciale ontologia, ma è importante essere chiari su questo punto. Non nego che si siano proprietà morali; al contrario, penso che esistano, proprietà morali. Per esempio, esistono individui morali e individui immorali: se vedo un uomo che sta rubando, l'uomo esiste e – se crediamo nell'esistenza di eventi – anche il furto esiste. Ciò che nego non è che esistano cose a cui si applicano termini morali, come le persone o gli eventi morali, ma che per dare conto dell'etica sia necessario postulare entità invisibili, che non sono individuabili né dalla scienza né dal senso comune. [...] Tuttavia, se mi si chiede su che cosa si basi l'oggettività dell'etica, rispondo che si basa sul fatto che l'etica risponde a bisogni umani reali, e in questo senso nella mia ontologia voglio che ci sia posto per i bisogni (Putnam, 2012, pp. 18-19).

In questi termini, Putnam descrive una possibile *structure* (un'istituzione etica) *and agency* (l'agire morale individuale), pur non definendola nei termini di una *relazione* – di fatto, più avanti userà la parola "intreccio" – e pur rimanendo sul piano della metodologia esplicativa, perché nega la necessità di postulare entità invisibili non individuabili né dalla scienza né dal senso comune.

Dove si differenziano le due forme di *realismo* prese in esame? Come abbiamo visto, da un lato (a) s'insiste verso una visione di una realtà sociale stratificata che accoglie la *distinzione ontologica* espressa nella distinzione tra realtà sociale e realtà naturale; dall'altro (b) si tiene aperta la questione se vi sia o no un qualcosa come *un'ontologia finale* verso cui la fisica converge; nel secondo dei due casi, si rimane comunque ancorati a un piano prettamente epistemologico, – unico luogo d'incontro tra i due realismi – poiché, secondo Putnam,

> c'è certamente qualcosa di giusto nella fisica, perché altrimenti sarebbe davvero un miracolo che queste bellissime formule matematiche predicessero esattamente il comportamento di così tante cose diverse – di oggetti così grandi e di oggetti così piccoli (*Ivi*, p. 15).

La questione rimane aperta e il discorso ontologico, una controversia tra l'esistenza di *entità* o *proprietà*.

3. Modi di indagare le realtà (nella realtà)

In una delle sue espressioni filosoficamente più efficaci, il pragmatista americano Charles Sanders Peirce sosteneva che «Reale è un termine inventato nel XIII secolo» (CP 6.453)[92] – con un chiaro riferimento alla filosofia medievale e in qualche modo rilevando un certo "elemento sociale" in merito a tutto ciò che usualmente definiamo come *reale*.

Evitando fuorvianti interpretazioni del *neglected argument* (CP 6.452)[93] di Peirce, ci limitiamo a rilevare che le problematiche le-

---

92 Tradizionalmente, i *Collected Papers of Charles S. Peirce* si citano attraverso la sigla CP, seguita da un rinvio della cifra alla sinistra del punto che indica il numero del volume. Con la sigla MS invece, si indica l'*Annotated Catalogue of the Papers of Charles S. Peirce* seguito dal numero del manoscritto.

93 Per mezzo del saggio intitolato *A Neglected Argument for the Reality of God*, Peirce s'inserisce all'interno del dibattito medievale dei cosiddetti *argomenti ontologici*. Tramite l'analisi dell'idea di Dio e della sua forza attrattiva, Peirce mette alla prova la propria teoria dei segni e le regole inferenziali di *induzione, deduzione* e *abduzione*. Da quest'ultima modalità, definita *ipotesi retroduttiva*, l'autore ricostruisce la plausibilità dell'idea

gate alle parole "metafisica" e "ontologia", attraversano in maniera trasversale la storia del pensiero filosofico da Platone e Aristotele sino ai giorni nostri – anche se offrire una caratterizzazione precisa di entrambe, potremmo dire "univocamente riconosciuta", non è impresa semplice. Sosteniamo dunque, che nel tentativo di discernere i tratti salienti della realtà, si ha in qualche modo a che fare con queste due dimensioni (filosofiche) del Sapere.

Ciò che è possibile suggerire è la descrizione di alcune linee di demarcazione, o di alcune possibili unità d'intenti di ordine speculativo (chiarite in una certa *interdipendenza* dell'una, rispetto all'altra e viceversa) per meglio definire linee e programmi di ricerca che implicano l'assunzione di una qualsiasi espressione di realismo. Ciò che intendiamo sostenere è che, in qualche misura, l'adesione a una qualche forma di realismo richiede il chiarimento del rapporto tra metafisica e ontologia.

Nella sua *Classificazione delle Scienze* (CP 1.180) Peirce definisce la metafisica come la *scienza della realtà* ma, di fatto, non si è mai distaccato da una delle sue prime definizioni del termine:

> Cos'è la realtà? Forse non c'è nulla che si possa dire tale. Come ho detto insistentemente più e più volte, essa non è che una *retroduzione*, un'ipotesi operativa che noi mettiamo alla prova, la nostra sola speranza, disperata e miseranda, di conoscere alcunché. O ancora, potrebbe essere – e sembrerebbe poco prudente sperare qualcosa di più – che l'ipotesi concernente la realtà, pur fornendo risposte piuttosto efficaci, non corrisponda perfettamente a ciò che esiste. Ma se una qualche realtà esiste, allora, in quanto esiste, essa consiste in ciò: che nell'essere delle cose vi è qualcosa che corrisponde al processo del ragionare, che il mondo vive, si muove e ha il proprio stesso essere in una logica degli eventi (MS 439).

Dunque, dalla *realtà* come ipotesi operativa, al dominio del reale (la metafisica), la prospettiva peirceana rimane ancorata a un tentativo tutto comtiano di sistemazione delle scienze.

della realtà di Dio in uno stato di *musement* (contemplazione razionale). Passando per i singoli universi d'esperienza, che sono segni della stessa realtà di Dio.

Achille Varzi – continuando con i nostri esempi – chiedendosi se la domanda "Che cosa esiste?" appartiene (o non appartiene) al dominio dell'ontologia, afferma che «se fosse così, allora l'ontologia potrebbe considerarsi un capitolo preliminare della metafisica, intesa come studio della "natura ultima" delle cose: la prima si occuperebbe di stabilire *che cosa c'è*; la seconda di stabilire che *cos'è quello che c'è*» (Varzi, 2005, p. 12).

Un'altra prospettiva – non in contrasto con il problema posto da Varzi – è quella di Peter Strawson che rileva sul piano storico le varie manifestazioni della metafisica e, sul piano analitico, le distingue in *correttiva* e *descrittiva* (cfr. Strawson, 1959) lasciando dunque all'*analisi* qualsiasi "questione ontologica"[94].

Come mostrato in precedenza, il *Realismo critico* di Bhaskar e Archer mira a eliminare qualsiasi "questione metafisica", o almeno quelle intese in senso classico. La problematica posta da Varzi non emerge, infatti, all'interno de *Il realismo nelle scienze sociali*, ma è un assunto che fonda la prospettiva presa in esame. L'argomento è affrontato in maniera diretta da Bhaskar, mentre Archer esprime una propria adesione alle tesi sulla *realtà sociale*. Comunque questa idea rappresenta uno degli assunti fondamentali della teorizzazione, poiché prepara il terreno allo sviluppo della stessa teoria archeriana.

Qual è dunque il modo di intendere il ruolo della metafisica? Quali sono i rapporti che sussistono tra scienze naturali e sociali in merito alle "questioni gnoseologiche"? Concordiamo con quanto rileva Bhaskar nell'individuare un certo "paradosso" interno della filosofia della scienza e nel suo proporre una sorta d'invito ad accettare «che gli uomini, nella loro attività sociale producono conoscenza, che è un *prodotto sociale* molto simile a qualsiasi altro» (Bhaskar, 1998, p. 16).

---

[94] Gli esempi forniti da Strawson sono esplicitati per mezzo della seguente citazione: «Forse nessun metafisico realmente esistito è stato mai completamente, tanto nelle intenzioni quanto nei risultati, l'una cosa o l'altra. Possiamo tuttavia fare delle distinzioni approssimative: Descartes, Leibniz, Berkeley, sono correttivi, Aristotele e Kant descrittivi. Hume, lo spirito ironico della filosofia, è più difficile da situare. Egli appare ora sotto un aspetto, ora sotto un altro» (Strawson, 1959, p. 9).

L'altro lato della questione, che abbiamo ritrovato anche in Putnam, riguarda gli oggetti come «il peso specifico del mercurio, il processo di elettrolisi, il meccanismo di propagazione della luce. Nessuno di questi "oggetti di conoscenza" – sostiene Bhaskar – dipende dall'attività umana» (*Ibidem*).

In sostanza, l'autore rileva alcune *impossibilità* dei metodi di cui si avvale l'epistemologia inclusa nei nostri schemi concettuali, che per certi versi ci offre un "quadro del mondo" e per altri ci rivela tutti i nostri limiti giacché, ipotizzando la nostra estinzione, gli alberi del deserto continuerebbero comunque a cadere, il suono e la luce continuerebbero a propagarsi e i cieli a incupirsi e schiarirsi.

Di fatto – sostiene ancora Bhaskar – chiamiamo i secondi oggetti, «in un neologismo tecnico inevitabile, gli *oggetti intransitivi della conoscenza*. Gli oggetti *transitivi* di conoscenza sono [invece] cause materiali aristoteliche. Sono le materie prime della scienza – gli oggetti artificiali modellati in prodotti di conoscenza dalla scienza d'oggi» (*Ibidem*). Bhaskar pone egregiamente questo problema, facendo i conti non solo con le ipotesi scientifiche ma anche con gran parte delle tradizioni filosofiche.

Come spingersi oltre? Come riuscire a tenere assieme una visione *reale* del mondo che tenga conto di differenti descrizioni senza ricadere nel relativismo estremo? Come accogliere le istanze che aggirano ciò che Wittgenstein etichettava come "problemi filosofici"? È possibile ammettere, all'interno dei nostri metodi di fondazione scientifica, differenti gradi di relativismo ontologico per i linguaggi dei nostri *razionalismi regionali* (cfr. Bacherlard, 1949)?

E se il problema dei realismi fosse situato in una più comune propensione all'*essenzialismo*? Questa, com'è noto, è una delle problematiche sollevate da Quine, ripresa da autori quali Niklas Luhmann e Gaston Bachelard, e che trova una sua teorizzazione più completa nell'opera di Stephen Fuchs.

In *Against Essentialism* (2001) Fuchs sostiene che «nella sua versione elaborata come visione del mondo, l'essenzialismo è la metafisica aristotelica» (Fuchs, 2001, p. 12) ed è ancor più radicale in merito a *structure and agency*:

Essentialism is often accompanied by a dualistic cosmology that draws deep distinctions between things natural and social, body and mind, behavior and action, cause and intention, *agency and structure*, mere machines and true all-too-human humans, artificial and natural intelligence, or rules and practices. To get to these essentially different things, essentially different methodologies are necessary. This leads to yet more polar opposites, such as explaining versus understanding, science versus hermeneutics, quantitative versus qualitative research, theory versus narrative, hard versus soft science, and so on (*Ivi*, p. 15).

L'idea che Fuchs sostiene si può così sintetizzare: fondando una scienza a partire da *distinzioni* fra cose *essenzialmente differenti*, si giunge allo sviluppo di metodologie *necessariamente diverse* – in relazione a quanto fondato in precedenza – che non riescono a "convivere" con altre descrizioni del reale (la spiegazione *versus* la comprensione, la scienza *versus* l'ermeneutica, la ricerca quantitativa rispetto quella qualitativa, la teoria *versus* la narrazione, le scienze hard *versus* le scienze soft, e così via).

Tutto ciò, ad esempio, si ritrova nell'opposizione alle "narrazioni" dei post-moderni da parte di Archer, o nel suo corretto rilevare i problemi del dibattito tra individualisti *e* collettivisti; ma l'elaborazione della teoria delle *conflazioni*, di fatto, non necessita dell'ipotesi realismo assunta. Se inteso come una *forma tra altre espressioni possibili di una cultura*, il realismo sociale – generalmente inteso – non necessità distinzioni analitiche con il mondo della natura. Il rischio è di fondare un'epistemologia di partenza e non un'ontologia.

Fuchs di fatto, sostiene che, dal punto di vista sociologico e inteso come una proprietà di una certa cultura di un determinato periodo storico, il realismo non è primariamente espressione di un contrasto fra diversi modelli di conoscenza che in qualche modo "tentiamo di tenere assieme". L'autore ribadisce il tutto in questi termini:

> *Variations in social structure* correspond to *variations in cultures*. At this point, the sociology of knowledge comes into the argument. The main empirical illustration I have chosen is degrees of realism or relativism in cultures. This measures how confident and certain a culture is of its mode of making sense of its world or worlds (*Ivi*, p. 4).

Nel presentare la sua teoria – definita come una mappa (incompleta), un puzzle di una possibile ricerca tra società e cultura – Fuchs teorizza gli *Observers* come osservatori posizionati all'interno di una cultura, degli osservatori "colti" che riescono a cogliere le variazioni interne alle strutture sociali.

In questo pluralismo strutturale, le componenti umane, come le *decisioni*, non sono semplicemente fatti verificatisi nel mondo, ma attribuzioni di *agency*. È vero che tutte le osservazioni sono un'operazione di *distinzione* che in qualche modo dichiara ciò che rimane dentro e ciò che è fuori da una teoria ma l'idea è che esse non (necessariamente) implicano forme di realismo che rendano conto del *naturale* – o almeno del *modo* in cui le scienze *hard* lo intendono.

Seguendo Luhmann, Wittgenstein e il pragmatismo, Fuchs pone l'accento sulla pluralità degli *osservatori* all'interno di ogni cultura, giacché *non vi sono problemi genuinamente filosofici* con cui raffrontarsi ma solo *enigmi emergenti* per alcune culture in determinati momenti storici. D'altro canto, si può sostenere – rileva ancora Fuchs – che l'avanzamento delle scienze riesca in qualche misura ad accantonare le varie manifestazioni della metafisica; di contro, il suo *ripresentarsi* altro non è che una variazione *nella* cultura che porta a una variazione struttura sociale.

Come Archer, Fuchs sostiene che le forme di realismo non sono da intendere come esclusive delle *scienze hard* ma, in una prospettiva più ampia che mira all'analisi dei sistemi culturali, l'autore le ritiene come «il segno di una cultura imperiale allo zenit del suo regno e della sua espansione» (Fuchs, 2001, p. 11).

All'interno della *scena culturale*, l'emergere di più *osservatori* può portare alla trasformazione degli *osservatori trascendentali* (consapevolezza metafisica) in *empirici* e *sperimentali*: un esempio di ciò può essere storicamente ricostruito analizzando l'affermarsi dell'*empirismo logico*, dunque di una filosofia scientifica che nasceva in opposizione al progressivo affermarsi prima dell'hegelismo e, in seguito, della metafisica heideggeriana (Fuchs, 2001, p. 70)[95].

---

[95] Su questo argomento Fuchs è molto critico e sostiene: «Constructivism goes beyond positivism; it is no longer an "epistemology" that opposes re-

Per Fuchs, una volta appresa la distanza tra il dibattito sui generi naturali e le analisi sociologiche dei sistemi culturali, «tutto diviene una questione di grado, non di principio. Non è, ad esempio, [una questione dicotomica] quale realismo *versus* costruttivismo, ma l'ammissione diversi gradi di entrambi» (Fuchs, 2001, p. 51). In sostanza, il realismo può essere inteso come una «variabile dipendente e l'esito di certe strutture sociali. Così com'è per il relativismo. Entrambi rappresentano poli opposti di un *continuum* della cultura» (Fuchs, 2001, p. 4) ma in una prospettiva non-essenzialista, dunque relazionale, delle *nostre costruzioni teoriche* in proposito *della* realtà.

Conclusioni

In questo breve percorso abbiamo presentato una delle possibili analisi delle istanze proprie dell'approccio del *realismo critico* di Archer, ripercorrendo linee-guida di ciò che spesso la stessa autrice ci ricorda: la necessità di leggerle *in continuità* con le problematiche sollevate dall'opera di Bhaskar. Senza alcuna pretesa di completezza, riteniamo di aver messo in luce alcuni quesiti propri di qualsiasi forma di realismo. Il raffronto con le posizioni di Putnam, ad esempio, ha mostrato simili intuizioni e limiti comuni alle analisi speculative delle scienze naturali e di quelle scienze sociali.

Gli sforzi teorici che spesso siamo costretti a compiere nella formulazione delle nostre ipotesi e nell'elaborazione delle nostre teorie sul *mondo* ci mostrano la grandezza degli autori citati. Da un lato, lo *sfumare dei campi ontologici ed epistemologici* dimostra come la questione tra queste due discipline sia ancora tutt'altro che chiusa, dall'altro abbiamo tentato di *mostrare come* ognuna delle analisi messe in comunicazione sia coerente ma, al contempo, disveli tutti i nostri limiti gnoseologici e quelli di una pretesa e assoluta oggettività della conoscenza.

alism for philosophical reasons, but explains both itself and realism as the behavior and outcome of culture. Positivism opposes realism, but does not explain it».

Di là dalle posizioni costruite e teorizzate da Fuchs, l'idea che più ci è sembrata interessante riguarda i gradi di *relativismo conoscitivo* con i quali, in qualche modo, dobbiamo fare i conti ogni qualvolta assumiamo ipotesi realiste come base delle nostre *visioni del mondo*. È questo il vero confronto, l'ostacolo che la filosofia contemporanea troppo in fretta ha accantonato (o, peggio, assunto in forme caricaturali)? Anche ammesso che si sia avanzati di qualche gradino – probabilmente – questa scala non può essere ancora gettata.

Bibliografia

Archer M.S. (1988), *Culture and Agency. The Place of Culture in Social Theory*, Cambrige, Cambridge University Press.

Archer M.S. (1995), *Realist Social Theory: the Morphogenetic Approach*, Cambridge, Cambridge University Press [trad. it. a cura di P. Donati, *La morfogenesi della società. Una teoria sociale realista*, Milano, Franco Angeli, 1997].

Archer M.S. (1998), *Realism in Social Sciences*, in M. Archer, R. Bhaskar, A. Collier, T. Lawson, A. Norrie (1998), *Critical Realism*, Londra, Routledge [trad. it. a cura di S. Cundari, *Il realismo nelle scienze sociali*].

Archer M.S. (2000), *Being Human. The Problem of Agency*, Cambrige, Cambridge University Press [trad. it. *Essere umani. Il problema dell'agire*, Torino, Marietti, 2007].

Archer M.S. (2007), *Making our Way through the World: Human Reflexivity and Social Mobility*, Cambridge, Cambridge University Press [trad. it a cura di P. Boccagni, *La conversazione interiore. Come nasce l'agire sociale*, Trento, Centro Studi Erickson, 2006].

Archer M., Bhaskar R., Collier A., Lawson T. e Norrie A. (1998), *Critical Realism*, Londra, Routledge.

Bacherlard G. (1949), *Le rationalisme appliqués*, Parigi, PUF [trad. it. a cura di M. Giannuzzi, L. Semerari, *Il razionalismo applicato*, Bari, Dedalo, 1975].

Bhaskar R. (1989), *The Possibility of Naturalism*, Hemel Hempstead, Harvester [trad. it. *La possibilità del naturalismo*, Genova-Milano, Marietti, 2010].

Bhaskar R.(1998), *Philosophy and Scientific Realism*, in M. Archer, R. Bhaskar, A. Collier, T. Lawson, A. Norrie, *Critical Realism*, Londra, Routledge, 1998.

Chomsky N. (1969), *Quine's Empirical Assuptions*, in D. Davidson e J. Hintikka, *Words and Objection. Essay on the Work of W.O. Quine*, Dordrecht/Boston, D. Reidel Pubblishing Company.

Donati P. (2006), *La conversazione interiore: un nuovo paradigma (personalizzante) della socializzazione*, introduzione all'ed. it. di Archer M. (2006), *Making our Way through the World: Human Reflexivity and Social Mobility*, Cambridge, Cambridge University Press [trad. it a cura di P. Boccagni, *La conversazione interiore. Come nasce l'agire sociale*, Trento, Centro Studi Erickson, 2006].

Ferraris M. (2012), *Manifesto del nuovo realismo*, Roma-Bari, Laterza.

Fuchs S. (2001), *Against Essentialism: A Theory of Culture and Society*, Cambrigde, Harward University Press.

Givigliano A. (2013), *Strane traiettorie*, in G. Cosenza, E. Fadda, A. Givigliano (a cura di), *Un'idea di Bourdieu, Campi e pratiche tra filosofia e scienze*, Roma, Aracne.

Guizzardi L. (2007), *La transizione all'età adulta*, Bologna, Led.

Morin E. (1977), *La Méthode*, in *La Nature de la Nature*, vol. I, Parigi, Éditions du Seuil [trad. it. G. Bocchi, A. Serra, *Il metodo*, in *La natura della natura*, vol. I, Milano, Raffaello Cortina Editore, 2001].

Peirce C.S. (1931-58), *Collected Papers of Charles S. Peirce*, voll. I-VI a cura di C. Hartshorn, P. Weiss; voll. VII-VIII a cura di A.W. Burks, Cambridge (MA), Harvard University Press.

Putnam H. (1962), *The Analytic and the Synthetic*, in H. Feigl e G. Maxwell (a cura di), *Scientific Explanation, Space and Time*, in *Minnesota Studies in the Philosophy of Science*, Minneapolis, University of Minnesota Press, vol. III, pp. 358-97 [trad. it. in *Mente, linguaggio e realtà*, Milano, Adelphi, 1987, pp. 54-90].

Putnam H. (1975), *Do True Assertions Correspond to Reality?*, in Id., *Mind, Language and Reality. Philosophical Papers*, vol. II, Cambridge, Cambridge University Press, pp. 70-85 [trad. it.

in *Mente, linguaggio e realtà*, Milano, Adelphi, 1987, pp. 91-106].

Putnam H. (2010), *Realismo e senso comune*, in M. De Caro e M. Ferraris (a cura di), *Bentornata realtà*, Torino, Einaudi, 2012, pp. 8-9.

Quine W.V.O. (1948), *On What There Is*, "Review of Metaphysics", reprinted in *From a Logical Point of View*, Cambridge, Harvard University Press, 1953 [trad. it. a cura di P. Valore, *Che cosa c'è*, in *Da un punto di vista logi- co*, Milano, Raffaello Cortina Editore, 2004].

Quine W.V.O. (1960), *Word and Object*, Cambridge, The MIT Press [trad. it. a cura di F. Mondadori, *Parola e oggetto*, Milano, il Saggiatore, 2008].

Quine W.V.O. (1969a), *Epistemology Naturalized*, in *Ontological Relativity and Other Essays*, New York, Columbia University Press.

Searle J. (1995), *The Construction of Social Reality*, Simon and Schuster [trad. it. A. Bosco, *La costruzione della realtà sociale*, Torino, Einaudi, 2006].

Searle J. (2009), *Making the Social World: The Structure of Human Civilization*, New York, Oxford University Press [trad. it. G. Feis, *Creare il mondo sociale. La struttura della civiltà umana*, a cura di P. Di Lucia, Milano, Raffaello Cortina, 2010].

Strawson P. (1959), *Individuals, an Essay in Descriptive Metaphysics*, Londra, Methuen [trad. it. E. Bencivenga, *Individui. Saggio di Metafisica Descrittiva*, Milano, Mimesis, 2008].

Varzi A. (2005), *Ontologia*, Roma-Bari, Laterza.

Indice

www.ingramcontent.com/pod-product-compliance
Lightning Source LLC
LaVergne TN
LVHW041317080426
835513LV00008B/507